Dieux et pharaons
de l'Égypte ancienne

DU MÊME AUTEUR

La littérature égyptienne, Paris, PUF, coll « Que sais-je ? », n° 1931, 1982

Textes sacrés et textes profanes de l'ancienne Égypte,
I. *Des pharaons et des hommes*, Paris, Gallimard, coll. « UNESCO-Connaissance de l'Orient », 1984 ;
II. *Contes, mythes et poésie*, Paris, Gallimard, coll. « UNESCO-Connaissance de l'Orient », 1987.

Histoire de la civilisation pharaonique,
I. *Au royaume d'Égypte. Le temps des rois-dieux*, Paris, Fayard, 1991 ;
II. *Thèbes ou la naissance d'un empire*, Paris, Fayard, 1986 ;
III. *L'empire des Ramsès*, Paris, Fayard, 1985. Ces trois volumes ont été réédités dans la collection « Champs-Flammarion », 1995.

L'art et la vie dans l'Égypte pharaonique. Peintures et sculptures, Paris, Fayard, 1992, volume réédité dans la collection « Champs-Flammarion », 1996, sous le titre *L'art figuratif de l'Égypte pharaonique*.

Mémoires de Ramsès le Grand, Paris, De Fallois, 1993.

Contes et récits de l'Égypte ancienne, Paris, Flammarion, 1995.

Les hommes illustres du temps des pharaons, Paris, Flammarion, 1996.

Mémoires de Thoutmosis III, Paris, Calmann-Lévy, 1997.

Sagesse sémitique. De l'Égypte ancienne à l'Islam,
Paris, Albin Michel, 1998.

Le monde des Ramsès, Paris, Bayard, 2002.

Claire Lalouette

Dieux et pharaons de l'Égypte ancienne

Inédit

© E.J.L., 2004

PRÉFACE

L'Égypte est, dans l'état actuel de nos connaissances, la plus ancienne et la plus longue civilisation achevée de l'humanité. Elle précède de peu, toutefois, le développement urbain et politique du domaine mésopotamien (qui s'étendait depuis les hautes vallées du Tigre et de l'Euphrate jusqu'au golfe Persique), qui connut une moins grande puissance et une moindre longévité, car il ne constituait pas un État unique, mais était formé de diverses entités politiques.

Le *pays* du Nil (le fleuve nourricier qui crée la vie) se constitua peu à peu à l'époque néolithique (vers 5500 avant J.-C.) quand les populations jusqu'alors sédentaires se regroupèrent en villages, au bord du fleuve, au cours d'une longue préhistoire.

L'histoire égyptienne proprement dite commence (pour nous) vers 3200 avant J.-C., après la découverte en Haute Égypte d'une grande palette en schiste au nom du roi **Narmer**, palette historiée, dont les sculptures en bas-relief (images et textes) constituent le premier document *daté* du royaume d'Égypte : une monarchie unique apparaît alors, qui unit la Haute et la Basse Égypte, régions naturelles jusqu'alors séparées et gouvernées sous des tutelles diverses.

Durant plus de trois millénaires ensuite, trente dynasties royales se succédèrent qui firent la prospérité politique, économique et culturelle de l'Égypte, laquelle devint alors un vaste Empire, notamment sous les **Thoutmosis** et les **Ramsès**. L'Égypte, grand pays carrefour ouvert sur l'Afrique et sur l'Asie, et dont la puissance s'étendait du Sud au Nord (depuis le Soudan jusqu'à la Méditerranée), de l'Ouest à l'Est (depuis la Libye jusqu'aux États mésopotamiens). Au cours de ces siècles de conquête et de rapprochement des peuples, les pensées, les croyances et les cultes se mêlèrent en un vaste échange spirituel marqué par la compréhension et la tolérance réciproques.

Les dieux et les rois, puissances supérieures et magiques, furent les facteurs essentiels de cette domination « universelle ».

Dans chaque notice, les noms des dieux et pharaons qui possèdent leur propre entrée sont en gras.

Les noms topographiques suivis d'un astérisque sont répertoriés dans le lexique géographique et politique des pays du Proche-Orient pendant la période pharaonique, page 85.

LES DIEUX DU PANTHÉON ÉGYPTIEN

Avant-propos

Dans le grand univers païen, les dieux résident dans toutes les parties constituantes du monde créé : dans le ciel et la terre, les champs et l'eau du fleuve, les déserts arides ou la végétation. Ainsi s'incarnent-ils dans des formes humaines, animales ou végétales – toutes également œuvres du créateur. Les formes, en s'ajustant, allient les puissances combinées des hommes, des animaux et des plantes, pour assurer une efficience magique supplémentaire. L'amour, le respect, la crainte entraînent les réactions de l'homme d'Égypte en présence d'êtres ou de choses qui l'aident, le dominent, l'attaquent ou lui font peur. Il en fait des divinités pour leur apporter ses hommages en reconnaissance de leurs bienfaits (la vache, nourricière et féconde – le sycomore qui donne son ombre à l'heure chaude du jour – le soleil qui crée et maintient la vie) ou pour tempérer leur éventuelle agressivité, se concilier leur malveillance (le chacal, le crocodile, le serpent, la lionne, l'hippopotame). L'Égyptien, en quête d'« explications », associe aussi l'animal à son habituel lieu de parcours : le faucon et le ciel, le chacal et les déserts qui entourent les nécropoles… Des réalités simples, des faits d'observation peuvent créer encore la nature de la personnalité divine : le soleil qui renaît à chaque aube, la végétation qui revient au printemps : **Rê** et **Osiris**, qui les incarnent, seront les grands garants de la vie éternelle, d'une immortalité sans faille.

Religion et histoire sont intimement mêlées dans leur développement. Vers 4000 avant J.-C., un premier regroupement des tribus nomades entraîna désormais l'existence de territoires fixes, appelés *sepet*, que les Grecs beaucoup plus tard appelleront *nomes* (il y en eut quarante-deux à l'époque historique). Chaque nome avait son dieu *principal*. Puis l'Égyptien, épris d'équilibre et de juste harmonie, créera de nouvelles associations entre ces figures divines, encore relativement éparses : dans le cadre de la famille, on imaginera des *triades* (père, mère, fils). Des systèmes théologiques plus complexes furent aussi élaborés (voir **Ennéade**) qui voulaient rendre compte de la genèse de la création, grâce à l'effort collectif de plusieurs divinités. Enfin, des dieux « étrangers » furent associés aux divinités égyptiennes, au fil de l'histoire et des conquêtes.

Amon, Amon-Rê

Dieu de la région thébaine. Sous sa forme humaine ou animale, il fut l'un des dieux les plus importants du panthéon égyptien; au cours de trois mille ans d'histoire, son culte s'imposa aussi dans tout le Proche-Orient.

D'origine modeste, il semble avoir été d'abord un dieu de l'air et du vent, invoqué notamment par les bateliers du Nil. Cette origine aérienne et céleste explique sans doute pourquoi, dans les représentations humaines du dieu (sculptures ou peintures), ses chairs sont colorées d'une teinte azurée.

Un autre de ses caractères, celui de dieu géniteur, lui valut d'être représenté parfois comme un homme ithyphallique, à Louxor notamment, mais le plus souvent comme un bélier, animal dont le pouvoir génésique était reconnu en tant que «seigneur des troupeaux» d'ovins. Quiconque a visité l'Égypte connaît les longs chemins qui mènent à l'entrée des lieux saints; à Karnak, notamment, devant le temple d'Amon, cette voie sacrée est bordée, de part et d'autre, par deux rangées de statues de béliers assis figurant Amon en gardien de son temple. À partir de la XVIIIe dynastie, Amon, dieu dynastique, adopta alors l'aspect de l'animal, puissant générateur de vie; bélier ou homme criocéphale, son importance ne cessa de s'accroître avec le nombre de ses fidèles.

Amon dut toutefois composer avec une autre divinité puissante: **Rê**, le dieu solaire vénéré depuis de longs temps à Héliopolis (en Basse Égypte), lui aussi, par sa nature même, grande force de vie. La fusion eut lieu dès la VIe dynastie; une entité nouvelle apparut alors: celle d'Amon-Rê, qui, durant des siècles, allait « régner » sur le panthéon égyptien.

Dès le début de la XIIe dynastie, Amon, jusque-là bien « enraciné » dans le terroir de Karnak, commencera une ascension prestigieuse – due à la gloire des rois qui portèrent son nom et au génie des théologiens qui approfondirent sa nature. Soutenant la nouvelle centralisation politique, une centralisation religieuse se constitua alors autour d'Amon ; le roi **Amenemhat Ier**, dont le nom même – « Amon est le premier » – exprime sa foi envers la divinité thébaine, va faire de celui-ci un grand dieu d'État ; il lui attribua un important clergé formé d'une dizaine de prêtres « aux mains pures », de quatre « pères du dieu », de quelques prêtres laïcs et d'un grand prêtre ; tous ces clercs sont de grands personnages du royaume. Les nouvelles épithètes d'Amon-Rê attestent de cette promotion politique : il est désormais *neb nesout taoui*, « le seigneur des trônes du Double Pays » (titre jusque-là seul apanage du roi) ; il est aussi *nesout netjerou*, « le roi des dieux ». Ainsi Amon-Rê, roi des dieux (l'Amon-Ra-Sonther des Grecs), assura alors la protection du royaume et prit la tête du panthéon égyptien, les autres divinités étant dès lors considérées comme des hypostases du dieu de Thèbes – toutes, sauf **Ptah** et **Osiris**, images divines adorées dès la plus haute antiquité à Memphis et Abydos, notamment.

Après les brèves difficultés subies durant le court règne d'**Aménophis IV**, de nouveaux aspects de la personnalité d'Amon (ou Amon-Rê) apparaissent encore au temps des conquêtes, sous les XVIIIe et XIXe dynasties. Avec **Thoutmosis III**, premier créateur de l'Empire d'Égypte, il devient le guide des combats ; témoignant de la reconnaissance royale, les biens et les richesses affluent à Thèbes avec le butin des campagnes militaires que le souverain donne au clergé d'Amon, dont la puissance s'accroît. Sous les rois **Ramsès** (XIXe dynastie), Amon-Rê devient le dieu des batailles, participant au combat, aidant Pharaon au fort de la mêlée, lui ouvrant les chemins, le protégeant : « Amon-Rê, le roi des dieux, est devant son fils, le protégeant » (**Ramsès II**).

La destruction de Thèbes par les **Assyriens***, en 664 avant J.-C., « sonne le glas » de la religion d'Amon ; le culte du dieu se perpétuera encore parmi les ruines de sa capitale dévastée. Une certaine tradition persiste : lorsque le roi de Macédoine, Alexandre le Grand, pénétra en Égypte, en 332 avant J.-C., il alla consulter l'oracle d'Amon, dans l'oasis de Siouah (en Libye), qui lui conférera la royauté sur l'Égypte.

Actuellement, demeure encore pour nous le grand temple de Karnak – l'imposante grandeur des pylônes, l'immensité de la salle hypostyle (102 mètres de large sur 53 mètres de profondeur), l'élancé des colonnes (luxuriante végétation de pierre, reproduisant lotus et papyrus). Mais cela n'est plus que le squelette du Karnak d'antan, étincelant de l'or, de l'argent, du lapis-lazuli, des pierres précieuses de toutes sortes qui recouvraient les porches, les portiques, les colonnes, afin que le lieu saint « ressemble à l'horizon du ciel entier ». Des jardins de fleurs, de toutes espèces, entouraient l'aire sacrée. Les pèlerins, au terme de leur voyage, devaient, dans le désert, apercevoir de loin l'éclatement des ors se mêlant au soleil, dont ils étaient le prolongement sur la terre.

Anat, Astarté

Divinités d'origine cananéenne, souvent confondues ; toutes deux étaient des déesses guerrières sémitiques. Le culte d'Anat-Astarté connut en Égypte une longue diffusion. Incluse dans la mythologie égyptienne, Anat peut être dite « fille de **Rê** », « fille de **Ptah** » ou « compagne de **Seth** » ; **Ramsès II** est appelé « le nourrisson d'Anat » : celle-ci est donc assimilée à **Hathor** dans son rôle de vache nourricière allaitant le roi-enfant.

Témoignant du souci de syncrétisme religieux, cher à l'époque ramesside, Anat, Astarté et Kadesh, importantes divinités asiatiques, peuvent être assemblées en *une seule* entité divine, pourvue d'attributs égyptiens : cette déesse triple est représentée debout sur un lion, tenant dans la main gauche deux serpents, et portant, dans la main droite, un bouquet de fleurs, l'un et l'autre attribut étant les symboles de la vie éternelle – le serpent, parce qu'il renaît après sa mue, et les fleurs, qui reviennent au printemps nouveau ; l'image divine est coiffée de la perruque propre à Hathor.

Les dieux de l'Empire s'assemblent pour constituer, autour du roi conquérant, une barrière magique. À propos de **Ramsès III** : « **Montou** et **Baal** sont avec lui dans tous les combats, Anat et Astarté forment son bouclier, tandis qu'Amon commande par sa bouche. »

Anoukis

Le culte de la déesse Anoukis était implanté dans l'île de Sehel et dans la région voisine de la première cataracte du Nil. Elle était représentée comme une femme portant une haute coiffure végétale, de forme cylindrique, mais évasée au sommet, qui semble vraisemblablement d'origine nubienne. Anoukis était sans doute originaire de la Nubie, voisine de la première cataracte.

À Éléphantine, elle était associée, dans une triade, en tant que déesse-fille, avec le dieu bélier **Khnoum** et la déesse Satis (autre divinité de la cataracte) – selon un regroupement traditionnel de dieux voisins.

Anubis

Longues pattes fines, corps élancé, hautes oreilles dressées, le dieu-chacal Anubis hantait le soir les abords des nécropoles, en quête de nourriture. Son nom égyptien, Inpou, est un simple mot descriptif signifiant « celui qui a la forme du chacal ». Il fut le dieu principal de la capitale du 17e nome de Haute Égypte, Siout, baptisée par les Grecs Cynopolis (« la ville du chien »). Grand chien noir, il est figuré debout en sa forme animale, ou couché sur le pavillon divin servant à l'embaumement, ou bien encore comme un homme à tête de chacal.

Embaumeur d'**Osiris**, selon la très vieille légende de ce dieu, ce rôle lui valut un grand renom et la persistance de l'attribution de dieu psychopompe. Déjà, dans les textes anciens sculptés dans les pyramides royales, à partir de la fin de la Ve dynastie, Anubis est lié aux opérations de résurrection du souverain et parfois à ses devenirs astraux ; dans la pénombre du temple funéraire, les prêtres prononçaient, sur la momie du roi mort, les formules rituelles : « Tes pieds sont ceux d'un chacal, dresse-toi ! Tu viens à la voix d'Anubis, il te rend lumineux comme **Thoth**. » À partir de la XVIIIe dynastie, dans les scènes de pesée du cœur de l'homme défunt, c'est Anubis qui introduit celui-ci dans la Salle du jugement et qui manie la balance, tandis que Thot note les résultats de l'opération.

Anubis, parfois aussi Osiris, est figuré les chairs peintes en *noir*; les statues du dieu de Siout sont souvent taillées dans le bois bitumé – le bitume, utilisé pour la préparation du corps dans les cérémonies de la momification. Le noir était lié aux idées de mort et de renaissance.

Nombreux sont les lieux saints d'Anubis, le principal étant naturellement implanté à Cynopolis. Remarquable par la finesse de ses sculptures est la chapelle consacrée à Anubis, sur la seconde terrasse du temple funéraire de la reine **Hatshepsout**, à Deir el-Bahari; elle est orientée vers le nord, celle du sud étant dévolue au culte d'**Hathor**.

Apis

Le seigneur des troupeaux de bovins était le taureau, animal puissant et vigoureux, donneur de vie, symbole de l'existence qui se prolonge et se renouvelle. Le plus célèbre des taureaux sacrés demeure (de nos jours) Apis; son culte est attesté dès la Ire dynastie de l'histoire, en tant qu'image vivante de **Ptah**, vénéré à Memphis. Il fut aussi assimilé très tôt au dieu **Rê**, autre image de la vie toujours renouvelée: entre les cornes de l'animal, dans ses représentations, repose l'image du disque solaire. Quand le culte d'**Osiris** se développa, Apis lui fut associé; ils étaient tous deux symboles de la renaissance, incarnant, l'un la vie éternelle de la végétation, l'autre la vie des créatures qui se reproduisent grâce à la puissance sexuelle. Osiris-Apis fut donc considéré aussi comme un dieu funéraire garant de l'immortalité du défunt.

La «promenade de l'Apis», mentionnée sur la Pierre de Palerme dès les premières dynasties, était un rite solennel au cours duquel Apis marchait auprès du roi officiant; le monarque était censé s'assimiler ainsi les forces de l'animal.

Lorsqu'un Apis mourait, le choix d'un nouvel Apis entraînait de nombreuses démarches: les prêtres parcouraient les pâtures, afin de rechercher l'animal qui portait sur son pelage les signes sacrés; à l'origine, il s'agissait d'un taureau noir (couleur de la renaissance – voir **Anubis**), puis on choisit un taureau blanc dont le pelage comportait des taches noires : un triangle sur le front, une tache en forme de croissant sur le flanc, une forme d'aigle (?) sur le cou.

On procédait en grande pompe aux obsèques de l'Apis défunt ; sous les XVIIIe et XIXe dynasties, chaque Apis avait un tombeau particulier, surmonté d'une chapelle funéraire ; à partir de **Ramsès II**, les taureaux sacrés eurent une sépulture commune, que les Grecs appelèrent Serapeum – du nom du nouveau dieu Sérapis, qui apparut plus tard sous **Ptolémée Ier** et qui emprunta quelques caractéristiques aux divinités égyptiennes. L'égyptologue français Mariette découvrit le Serapeum en 1850, sur le site de Saqqarah, à l'ouest de Memphis ; c'est une longue suite de couloirs souterrains, dans lesquels sont aménagées des niches servant de caveaux, où l'on retrouva vingt-quatre sarcophages, en granit ou en basalte, pesant parfois près de soixante-dix tonnes.

Ensuite, l'intronisation du nouvel Apis se faisait dans la liesse, à Memphis même, au moment de la pleine lune, symbole d'une ère nouvelle.

ATON

Si le soleil, dans la pensée religieuse, prend différentes formes, humaines ou animales, on l'appelait Aton (« le disque ») quand on parlait de l'astre comme d'une donnée positive de l'expérience.

Le nom divin est déjà attesté dans les très anciens Textes des pyramides royales. Anciennement aussi il est conçu comme un dieu bénéfique, dont les bras se tendent vers les humains, les mains chargées d'offrandes. Il est « la mère bienfaisante des dieux et des humains », « le père et la mère de tous les hommes ».

Sous le règne d'**Aménophis IV** (Akhenaton) il connut sa période de gloire. Pharaon voulut faire de lui un dieu d'État, supplantant les autres divinités. Mais la gloire d'Aton fut éphémère ; elle persista seulement pendant les quatorze ans de règne du jeune souverain. La ferveur envers les autres dieux était trop forte, et les différents clergés encore trop puissants (notamment celui d'Amon).

Dans les hymnes de l'époque, on rencontre, à propos d'Aton, l'expression « Tu es unique ». Les Modernes glosent : les Sémites d'Égypte ont pressenti, recherché, l'unicité divine. Mais cette recherche ne découle point d'un dogme, elle révèle seulement la ferveur d'un croyant pour le dieu qu'il a choisi de vénérer et qu'il place à la tête de toutes les divinités : chaque dieu est unique pour son fidèle, les textes égyptiens le prouvent :

– À propos de **Rê** : « Salut à toi, ô Rê, ô l'Unique. »
– À propos d'**Osiris** : « Tu es l'Unique, tu demeures l'être qui a existé avant toute existence. »
– À propos de **Hapy**, le dieu Nil : « Tu es l'Unique, qui s'est créé lui-même. »
– À propos du dieu-bélier **Khnoum** : « Tu es Khnoum, l'Unique, l'Unique ! »

Il ne s'agit point d'un monothéisme, mais d'un besoin de donner à un dieu parmi d'autres une place éminente, de le considérer comme unique en son cœur. Il faut se méfier des « catégories » modernes qui ne tiennent pas compte de l'esprit des peuples d'autrefois. La même pensée se retrouve à **Babylone*** (avec le dieu Mardouk) et dans les pays de l'Orient.

ATOUM

Voir **Ennéade**.

B

BAAL

Dieu asiatique. Divinité agraire, à l'origine, conçue ainsi que les dieux antiques liés à la végétation (**Osiris**, Adonis) comme un symbole de résurrection.

Peu à peu, son rôle, dans l'histoire religieuse et politique du Proche-Orient ancien, devint éminent; ses attributions se diversifièrent. Maître des puissances de vie, il participait à tous les événements bouleversants de l'univers : l'orage ou les batailles.

Son culte fut vraisemblablement introduit en Égypte par les envahisseurs hyksos (vers 1730 av. J.-C.). Il est attesté en Égypte, dès le règne d'**Aménophis II**. En tant que maître de l'orage, on considéra Baal comme le protecteur de la navigation et il fut vénéré, notamment, à Perounefer (« La bonne sortie »), le port de Memphis. À l'époque des rois **Ramsès** (vers 1300 av. J.-C.), il est présent dans toutes les grandes batailles, assurant la protection de Pharaon. Baal est souvent assimilé au dieu égyptien Seth, le dieu « rouge » ; un culte à Baal-Seth fut même institué dans l'un des temples de la capitale nouvelle créée par les Ramsès, dans le Delta.

BASTET

Déesse adorée sous la forme d'une chatte – un chat sauvage, tel que l'on pouvait en rencontrer, dès les temps préhistoriques, à la lisière du désert –, animal à queue courte, chasseur puissant et agressif, que l'on divinisa pour se le concilier. Rien à voir avec le chat domestique, que les peintres se sont plu à représenter dans des scènes familiales, assis paisiblement sous le fauteuil de son maître.

Bastet est souvent considérée comme un « aspect » de la déesse-lionne **Sekhmet**, l'une et l'autre redoutable félin, ayant parfois les mêmes attributions : elles allaitent le roi-enfant, et assurent sa protection : « Le cœur du roi appartient à Sekhmet la grande » – « Le cœur du roi est Bastet ».

Son lieu de culte principal était en la ville de Bubastis (« La place de Bastet »), dans l'est du delta du Nil. Dans son temple, les fidèles déposaient des statuettes de bronze par centaines pour s'attirer les bienfaits de la déesse ; tantôt Bastet était représentée avec un corps de femme et une tête de félin, tantôt comme une chatte allaitant ses petits, ou comme un animal dressé, prêt à bondir, mais paré de bijoux. De grandes fêtes annuelles avaient lieu à Bubastis en l'honneur de la divinité ; Hérodote, à l'époque tardive, parle de grandes foules de sept cent mille pèlerins, hommes et femmes, qui célébraient joyeusement la fête de la déesse, au cours de grandes beuveries.

D

DEDOUN

Dieu d'origine nubienne, représenté sous forme humaine. Remontant le cours du Nil, en amont de la première cataracte, les Égyptiens, dès les premières dynasties de l'histoire, pénétrèrent en Nubie, puis au Soudan. Des liens idéologiques se créent; le dieu nubien Dedoun est très tôt assimilé à **Horus**; syncrétisme religieux destiné à « nouer » la conquête, l'alliance des divinités garantissant l'union politique par l'adhésion des consciences. Dans les textes sculptés dans les pyramides royales à partir de la Ve dynastie, Dedoun est déjà inclus dans le panthéon égyptien.

Au temps des Thoutmosis et des Ramsès, les liens s'affirment. **Thoutmosis III**, dans le temple qu'il fit construire à Semneh, dès l'an II de son règne, fait figurer une scène symbolisant son accession au trône, au cours de laquelle les dieux égyptiens « présentent » le jeune souverain aux divinités du Sud, afin qu'elles lui donnent le pouvoir sur leurs contrées – et notamment Dedoun, « qui préside à la Nubie, dieu grand, seigneur du ciel ». Dans le sanctuaire (construit dans la même ville) érigé par **Sésostris III**, et que Thoutmosis fit restaurer, figure le texte suivant : « Ma Majesté, ayant trouvé le temple de brique très ruiné, agit alors comme un fils aimant son père, après qu'on l'eut élevé pour devenir l'Horus, seigneur de ce pays du Sud. » Pour les Africains, **Ramsès II** sera également considéré comme « le fils de Dedoun ».

E

ENNÉADE

La divine Neuvaine.

Épris d'ordre, amoureux de belles synthèses, l'Égyptien, en des systèmes théologiques plus ou moins complexes, voulut réunir les cultes dispersés, chaque divinité demeurant maîtresse en sa « ville capitale ». Les prêtres d'Héliopolis (ville du Delta où l'on vénérait le soleil, **Rê**) furent particulièrement actifs, construisant un vaste système d'explication du monde.

À l'origine était le Noun (ou Nouou), vaste océan primordial, magma informe sans limites spatiales ni temporelles – l'espace, le temps et la lumière n'existant pas encore. Mais cette vaste étendue liquide renfermait un potentiel de vie, un principe conscient : le dieu **Atoum**, qui sera à l'origine d'une lignée dont chaque élément représentera d'abord un aspect de l'univers. Grand corps privé de vie, mais contenant celle-ci ainsi que tous les éléments du monde et les divinités, Atoum va perdre son angoissante et inutile immobilité. En un orgueilleux et magique jaillissement, Atoum surgira hors de l'informe par un acte personnel et volontaire. Le premier jour, Atoum (ou Atoum-Rê) extériorisa, par sa salive ou son crachat, deux divinités jumelles : le dieu Shou et la déesse Tefnout ; cet acte correspond à l'idée selon laquelle la bouche peut (normalement par la parole) créer des formes et conférer l'existence. Selon une autre conception, c'est de sa main active, par la masturbation, qu'Atoum, le solitaire, donna forme à ses « deux oisillons ». Le couple Shou-Tefnout présente deux dimensions : Shou figure l'air, les souffles aériens, Tefnout l'humidité nécessaire à la vie – mais l'un et l'autre figurent aussi deux aspects du temps : Shou le temps éternel, et Tefnout le temps infini.

Ce premier couple va ensuite, par les moyens de procréation naturelle, donner naissance aux grands éléments spatiaux du monde : la terre, le dieu Geb, et le ciel, la déesse Nout.

Geb et Nout, qui forment à leur naissance un couple uni, vont être séparés par Shou qui se glissera entre eux afin d'apporter l'air aux premiers éléments de l'univers. Ainsi seront séparés le ciel et la terre, qui deviennent distincts. L'image mythique montre Shou soutenant de ses deux mains le ventre et le buste étoilé de Nout, dans la position qui sera celle d'Atlas portant le monde, tandis que Geb, allongé sur le sol nouveau, tentera vainement de rejoindre sa sœur-épouse ; si la terre a des ondulations diverses (montagnes, collines...), cela est dû aux « gesticulations de Geb ».

Les limites de l'univers – temps et espace – étant ainsi créées, de même que la première configuration du monde, Atoum, après l'établissement de l'ordre cosmologique, achèvera son œuvre par l'organisation de l'ordre terrestre. Geb et Nout donneront naissance à deux couples : **Osiris-Isis**, **Seth**-Nephthys. Le premier symbolise les puissances fécondantes du sol (Osiris), le second incarne la stérilité et les bouleversements néfastes (Seth). On retrouve l'opposition naturelle, concrète, entre vallée du fleuve et désert, et l'antinomie morale entre le Bien et le Mal.

Ainsi se constitua l'Ennéade, l'ensemble des neuf divinités hiérarchiques ou complémentaires, dont l'addition rend compte de toutes les forces élémentaires en action dans l'univers créé.

H

Hapy

Hapy est le Nil sacralisé – le Nil qui apportait, dans les sables stériles de l'Égypte, l'eau donneuse de vie, ainsi que le lourd limon noir, fertilisateur, terre ferrugineuse arrachée au sol abyssin au moment de la crue du fleuve et qu'il épandait sur les deux rives de la rivière.

Hapy symbolise la fécondité, don du Nil. Il est représenté comme un être androgyne, poitrine pendante et ventre ballonné (à l'instar d'une vieille nourrice), les bras souvent chargés de fleurs, de fruits ou de poissons, la tête parfois surmontée de tiges de papyrus. Il est entouré (dans les bas-reliefs) de lignes en zigzag, qui figurent l'eau du fleuve.

Dans le temple funéraire de la reine **Hatshepsout** à Deir el-Bahari, un bas-relief représente l'allaitement par **Hathor** et par Hapy de la reine-enfant ; celle-ci, nourrie par le liquide divin, à valeur mystique, connaîtra éternelle jeunesse et immortalité. Parmi les scènes peintes figurant dans la tombe de Paser (haut fonctionnaire de Ramsès II), on peut voir le dieu Nil, avec la déesse des moissons Renenoutet, offrant à Pharaon le bâton des jubilés royaux et le signe de vie.

Hathor

La mythologie élaborée pendant quatre mille ans autour de la déesse Hathor est vaste, riche, et témoigne de la souplesse de la pensée égyptienne qui, sans cesse, évolue en créant de nouvelles images.

Déjà, pendant la préhistoire, la vache fut mise en rapport avec le ciel, confondue avec lui – car l'animal et le milieu céleste étaient également sources de vie, l'un permettant la prolifération de la vie du troupeau, l'autre prodiguant la lumière indispensable à l'existence des hommes. Datant de 4300 avant J.-C. environ, on a retrouvé une palette portant en bas-relief l'image d'une tête de vache aux larges cornes lyriformes, entourée d'étoiles. L'emblème est celui d'Hathor, dont le nom même dénonce le sens profond. Elle est *Hat-Hor*, « le château d'**Horus** », c'est-à-dire la résidence du soleil considérée en sa forme traditionnelle de faucon, maître du ciel. Horus et Hathor constituent ensemble une image harmonieuse et bénéfique de l'univers.

À partir de cette conception, les théologiens élaborèrent une vision du monde : étendu loin au-dessus de la terre, le corps d'une vache dressée sur ses quatre pattes, au ventre parsemé d'étoiles, constituait le ciel. Dans ce rôle, Hathor peut aussi prendre forme féminine : en son corps de femme, elle domine alors la terre, arc-boutée d'une part sur ses bras et ses mains qui pendent jusqu'au sol (à l'ouest), sur ses jambes et ses pieds qui constituent pour elle un étai (à l'est) ; son corps est toujours constellé d'étoiles. Le « geste » devient populaire au point que d'autres divinités l'empruntèrent : **Nout** notamment (maîtresse aussi des étendues supérieures), et plus tard **Isis** (la mère par excellence).

Mais, dans le ciel, le soleil (qui engendre la vie) peut également, dans une pensée toujours en quête d'images signifiantes, être confondu avec le taureau (dont la puissance sexuelle assure le renouvellement de la vie). Une association est établie très anciennement entre la vache-Ciel et le taureau-Soleil ; à partir de ce couple mythique, un système simple est conçu, cherchant à expliquer le mouvement du soleil autour de la terre. À l'aube, le soleil, jeune « veau d'or », naît du sexe de la vache du ciel ; à midi, parvenu en sa maturité de taureau, il féconde sa mère (qui devient ainsi également son épouse) ; au crépuscule, celle-ci engloutit, en sa bouche, l'astre qui disparaît aux yeux des vivants ; la nuit est le temps d'une nouvelle gestation dans le sein d'Hathor, qui enfantera un autre « veau d'or », le matin, à l'orient. Le soleil est alors défini comme étant le « taureau de sa mère », en égyptien *Ka-mout-ef* ; la vision devient si populaire que Kamoutef, à partir de la

XIXᵉ dynastie, fut conçu comme une divinité indépendante, dont on adorait l'éternel cycle de vie.

Déesse céleste, Hathor, « la dorée », était la maîtresse de la joie, de la danse et de la musique ; ses prêtresses, en d'harmonieux concerts, maniaient sistres, colliers et tambourins pour célébrer dans la liesse les bienfaits de la divinité.

Enfin, parachevant sa liaison avec Horus, Hathor fut aussi associée à l'**Horus royal** et devint la protectrice de la monarchie.

Suite profuse d'images, en quête de symboles sacrés.

Le lieu de culte principal de la déesse était à Dendera (métropole du 6ᵉ nome de Haute Égypte).

Horus

Lorsque l'Égyptien levait les yeux vers le ciel, il voyait toujours un faucon planant, ailes étendues, au-dessus de la terre – le faucon pèlerin, dont la présence constante dans l'empyrée s'imposa très tôt à l'esprit des hommes. On l'appelait Horus (nom signifiant « le lointain »), nom commun de l'espèce. Les cultes des faucons Horus sont nombreux et divers, tout au long de la terre d'Égypte.

Tout d'abord, la vive sensibilité des Égyptiens confondit le ciel et l'oiseau, assimilé à son milieu naturel. À Edfou (métropole du 12ᵉ nome de Haute Égypte), on vénéra très anciennement Horus, maître des étendues supérieures. L'image fut poursuivie, se fit mythique : les deux yeux de l'oiseau sacré devinrent naturellement le soleil et la lune. Mais, pour la conscience égyptienne, recherchant toujours des images plus complètes, Horus incarna aussi l'astre céleste dominateur, créateur de vie. À Edfou, on adora très tôt l'image d'un soleil flanqué de deux larges ailes étendues, résumé graphique de cette croyance ; cette représentation de l'astre empenné figure à toute époque au-dessus des portes des temples, ou surmontant les bas-reliefs, image protectrice essentielle.

Un culte semblable se rencontre aussi à Létopolis (capitale du 2ᵉ nome de Basse Égypte), où l'on adorait le dieu Horus-Khenty-Irty, « Horus qui préside aux deux yeux » – faucon dont l'œil droit est le soleil et l'œil gauche la lune.

Remarquable est l'existence de son contraire. Horus-Mekhenty-Irty, « Horus qui ne préside plus aux deux yeux » : le dieu perd temporairement l'usage de la vue, pendant les nuits sans lune, ou durant la journée lorsque l'image de l'astre est momentanément affectée par les nuages ou les éclipses. Il agit alors pour retrouver la vision. Conséquence : auteur de sa propre guérison, Horus-Mekhenty-Irty met alors son talent au service des dieux, des aveugles ou des défunts. L'image est assez fréquente figurant une divinité anthropomorphe à tête de faucon, assise sur un tabouret et jouant de la harpe, les aveugles étant, assez souvent (selon une tradition ancienne), les harpistes dans les concerts et les fêtes.

À Héliopolis (métropole du 13e nome de Basse Égypte), qui deviendra le premier grand centre spirituel de l'Égypte, on adorait également un faucon solaire : Horakhty (ou Rê-Horakhty) : « l'Horus des deux horizons » (est et ouest) – figuré le plus souvent avec un corps d'homme et une tête d'oiseau.

D'autres faucons Horus, ayant vraisemblablement signification céleste et solaire à l'origine, ont été détournés de leur acception originelle par l'histoire ou par la légende.

Ainsi, dès 3200 avant J.-C., on vénérait un faucon à Hiérakonpolis (capitale du 12e nome de Haute Égypte) : Hiérakonpolis fut la ville du roi **Narmer**, l'unificateur et le créateur du premier royaume d'Égypte. Traditionnellement, ensuite, l'Horus d'Hiérakonpolis devint le patron attitré de la royauté. Le premier nom de la titulature pharaonique, le « nom d'Horus », fut écrit, à toute époque, depuis Narmer, à l'aide d'une composition graphique signifiante : sur une façade de palais, vue en plan, qui « contient » le nom du monarque, un faucon symbole de la protection du résident royal enserre, de ses griffes étendues, l'un des murs de la maison du souverain.

Les « hasards » géographiques peuvent aussi jouer un rôle dans l'élaboration des légendes sacrées. Ainsi, un faucon Horus était très anciennement adoré à Chemmis (dans le 19e nome de Basse Égypte) ; la proximité de la ville de Bouto, métropole du nome et l'un des premiers lieux de culte du dieu **Osiris**, valut à cet Horus d'être intégré, en tant que dieu-fils, dans la légende osirienne.

Les images, les croyances se répandent et se mêlent, créant une pensée bigarrée, témoignant d'un imaginaire illimité à partir de faits d'observation simples. Apparaissent alors des images composites assemblant les formes et les significations diverses de l'oiseau du ciel, entraînant ainsi une plus grande efficience sacrée.

Houroun

À l'époque ramesside, au temps de l'expansion de l'Empire, un dieu-faucon, appartenant au domaine sémitique et méditerranéen, adoré notamment en Canaan et au Liban, fut particulièrement vénéré en Égypte. Déjà populaire sous **Thoutmosis III**, il reçut (sans doute sous **Aménophis II**) un temple, situé près du Sphinx de Gizeh, lequel était confondu alors avec le dieu solaire sous le nom de Hor-em-Akhet, « Horus dans l'horizon ». La proximité des lieux de culte, le même appel à la forme du faucon firent que les deux divinités fusionnèrent. Il est vraisemblable que, à l'origine, ce fut une colonie d'Asiatiques venus travailler en Égypte qui établit à cet endroit le culte d'Houroun. Le dieu fut très rapidement adopté par les Ramsès, qui lui consacrèrent une chapelle dans leur nouvelle capitale, Per-Ramsès, dans l'est du Delta.

Parmi les représentations qui furent consacrées à Houroun, particulièrement remarquable est un groupe statuaire de granit, découvert à Tanis, dans les marches orientales du Delta, et actuellement conservé au musée du Caire. Il figure Ramsès II protégé par le faucon Houroun. Si le thème de la protection rapprochée d'un souverain par un dieu est assez fréquent, la mise en œuvre est ici particulière, unique : il s'agit d'une *statue-charade*, à lire comme un cryptogramme. Entre les pattes du faucon dominateur, que coiffe le *pschent* (transcription grecque du mot égyptien *pa sekhemty*, « les deux puissantes », désignant la double couronne royale), est placée une statuette de **Ramsès**, figuré comme un enfant accroupi, le chef surmonté du disque solaire, l'index droit dans la bouche (attitude enfantine traditionnelle) et tenant dans la main gauche une tige de roseau. Le nom de l'enfant-roi se lit : Rê (nom commun du soleil), mes (mot désignant l'enfant et le fait de mettre au monde), sou (le phonogramme du roseau servant à écrire le pronom objet). Ainsi lit-on le nom du Pharaon Ramsès : Rê-mes-sou, « Rê est celui qui l'a mis au monde », dont nous abrégeons la lecture en : Ramsès. Dans ce cas, Houroun joue le rôle ailleurs dévolu aux grands dieux égyptiens : **Horus**, **Hathor**, **Amon**, divinités protectrices de la monarchie. Il est devenu un dieu *égyptien*.

Les dieux étrangers sont alors totalement adoptés et se fondent dans le panthéon égyptien, conformément au souci de tolérance et d'universalité qui anime la pensée religieuse dans l'Égypte ancienne.

I

Isis

Les origines de la déesse sont mal connues de nous. La connaissance que nous avons d'elle vient essentiellement du rôle important qu'elle joue dans la légende d'**Osiris** : parangon de l'épouse et de la mère, grande magicienne aussi.

Elle eut de nombreux lieux de culte : de l'Iseum du Delta jusqu'à Philae (au niveau de la 1re cataracte du Nil), où l'on peut voir encore le sanctuaire qui lui fut consacré.

Durant les règnes tardifs des Ptolémées et des Romains, elle devint, dans le monde méditerranéen, une déesse universelle – possédant ses temples, son clergé et ses « mystères ».

K

KHEPRI

L'Égyptien était un observateur attentif de la nature, aimant à transposer dans le monde de l'imaginaire les gestes simples. Ainsi en est-il du dieu-scarabée Khepri, l'insecte qui correspond à notre bousier ; il était censé faire rouler devant lui le disque solaire à travers le ciel, comme l'insecte faisant sur terre rouler sa boule de fumier. D'autres mises en rapport définissent encore la personnalité divine ; si Khepri-le-scarabée devint l'une des formes les plus populaires du soleil de l'aube, cette association résultait aussi d'une recherche verbale associant la signification du mot à l'image : le verbe KHEPER signifie « venir à l'existence », « devenir » ; Khepri, « celui qui vient à l'existence », fut considéré, tout naturellement, comme le soleil du jour naissant. Une synthèse s'établit peu à peu avec d'autres divinités ; l'astre grandissait d'heure en heure ; parvenu au zénith, il pouvait alors être considéré comme un taureau, ou bien comme un homme dans toute sa force ; il était Rê, dans la gloire de midi. Le soir, sa stature s'affaissait, jusqu'à atteindre la posture courbée du vieillard, appuyé sur un bâton : on l'appelait alors **Atoum** ; la racine verbale ITEM signifiant « parvenir à son terme », le nom Atoum décrivait verbalement la fin du cycle diurne du soleil. Ainsi, par une réflexion mi-concrète, mi-spirituelle, fut constitué le dieu Khepri-Rê-Atoum, dieu « trois-en-un », qui résume en sa personne les trois moments essentiels de la vie de l'astre du jour. Il fut l'objet d'une vénération particulière et son image triple figure souvent dans les temples.

À Karnak, au nord-est du Lac sacré, s'élève, sur un socle, une statue gigantesque du scarabée Khepri, taillée dans un bloc de granit rose, vraisemblablement durant le règne du roi **Aménophis III**.

Khoum

Dieu-bélier, Khoum fut adoré dans une dizaine de villes d'Égypte : notamment à Éléphantine (métropole du 1er nome de Haute Égypte), située face à la ville actuelle d'Assouan, près du dernier écueil de la 1re cataracte. Il est le plus souvent figuré comme un homme à tête de bélier, à double encornure horizontale et torsadée (de la race du mouton saharien), différent du bélier d'**Amon**, représenté avec d'épaisses cornes enroulées autour de la tête (race égyptienne, la plus ancienne).

Il fut considéré comme un dieu créateur, de par sa fonction de géniteur du troupeau. Dans ce cas aussi, un fait géographique local a influencé l'image de la divinité : Khoum était censé façonner les petits des hommes sur un tour à potier, car il existait, dans la région d'Éléphantine, une très importante colonie de potiers, qui sera encore active beaucoup plus tard, à l'époque grecque. De même il fut le « maître de l'eau fraîche », car il semblait présider à la sortie du Nil sur la terre d'Égypte, hors des rochers de la 1re cataracte, considérés comme le lieu sacré des sources du fleuve ; dans tout le royaume, on lui adressait des prières pour obtenir une crue abondante.

Dans le souci de regroupement des cultes locaux épars, on donna à Khoum, à Éléphantine, une famille, en composant une triade avec deux déesses voisines : Satis, dont le nom signifiant « Celle de l'arc » dénonce son rapport avec les archers nubiens au sud ; elle joua le rôle d'épouse ; **Anoukis** fut considérée comme la fille de la triade.

Khoum fut particulièrement vénéré aussi à Esna (métropole du 3e nome de Haute Égypte) ; le sanctuaire bâti sous la XVIIIe dynastie fut reconstruit sous **Ptolémée VI**. Des textes importants, récemment publiés, y furent sculptés, décrivant la genèse du monde et les origines de la vie. Ces textes, écrits dans la première moitié du IIe siècle après J.-C., témoignent d'une tradition vieille de trois millénaires et de l'extraordinaire pérennité du culte de Khoum, démiurge et maître de la crue du Nil.

Khonsou

Dieu-lune adoré sur le site de Thèbes. Il était représenté sous l'aspect d'un homme, parfois d'un enfant, portant sur la tête le disque lunaire. Les théologiens thébains l'admirent dans une triade, groupant autour d'Amon la déesse Mout, considérée comme l'épouse du dieu, Khonsou jouant le rôle de dieu-fils. Une autre divinité lunaire vénérée en Égypte fut le dieu **Thoth**. La lune, qui éclairait les déserts durant la nuit, était très vénérée par les nomades – cela dans l'ensemble du domaine asiatique, tant à Sumer qu'à **Babylone***, ou en **Assyrie***. Au sud-ouest du domaine d'**Amon** à Thèbes, **Ramsès III** fit bâtir un temple pour Khonsou.

Maât

Déesse incarnant la Vérité et la Justice, les deux qualités essentielles, fondamentales, dans la vie de l'Égyptien d'autrefois – si importantes qu'il les avait divinisées. La déesse Maât est représentée comme une jeune femme, assise souvent, et portant sur la tête une plume d'autruche, signe hiéroglyphique servant à écrire son nom.

La société ne saurait vivre sans Maât; tous les actes de la vie quotidienne la réclament. Les textes sapientiaux témoignent de son importance: « Importante est la Vérité-Justice, sa richesse durable [...]. C'est un chemin qui s'étend devant l'ignorant... La puissance de Maât est qu'elle dure et chaque homme peut dire à son sujet: c'est le bien que m'a légué mon père. » L'administration est placée sous sa loi: le vizir, juge suprême, est le grand prêtre de la déesse, il porte sur la poitrine une figurine de Maât. C'est Maât, le juge qui préside à l'admission du défunt dans le royaume d'**Osiris**, après sa mort sur terre – ainsi la désignent les rituels funéraires à partir de la XVIIIe dynastie. Dans la grande Salle, dite des « deux Maât » (allusion à la dualité primitive du royaume d'Égypte), est installée la balance de l'équité en présence du dieu Osiris, maître de l'au-delà: sur l'un des plateaux de la balance on place une statuette de la déesse Maât; sur l'autre plateau, en contrepoids, figure le cœur de l'homme défunt; le cœur était, dans la pensée égyptienne d'alors, le centre et le responsable de toutes les manifestations de la vie physique, de la vie affective, de la volonté et de l'intelligence. Le juste équilibre des deux plateaux témoignait de la droiture de la conduite sur terre de l'homme que l'on jugeait, et lui permettait l'accès à la vie éternelle.

31

La symbolique de Maât est plus vaste et plus profonde encore ; la déesse incarnait l'ordre, la juste mesure, la rectitude de la création – l'univers « vit de Maât ». Chaque jour, dans le rituel quotidien, le roi ou les prêtres offraient aux dieux d'Égypte une statuette de la déesse, « élevant » Maât jusqu'à la narine divine pour que la vie du dieu se poursuive conformément à l'ordre heureux du monde. Maât, la divine, qui veille tant au bon déroulement des saisons et des jours qu'à l'ordonnance des mouvements célestes, incarne l'éthique universelle.

Min

Dieu anthropomorphe qui, dès la plus haute Antiquité (déjà durant la préhistoire), fit l'objet d'un culte à Koptos – ville située à une cinquantaine de kilomètres au nord de Thèbes, et métropole du 5e nome de Haute Égypte. Sa signification est évidente quand on regarde ses représentations ; Min a le corps étroitement enserré dans une gaine, qui symbolise l'écorce de l'arbre contenant les puissances de vie toujours renouvelées du végétal. Divinité ithyphallique, Min tient dans sa main droite, surgissant hors de la gaine, le long phallus dressé et raide, tandis que le bras gauche haut levé brandit le flagellum ou chasse-mouches royal. Min est, à l'évidence, un dieu de la génération « le taureau qui couvre les femelles ». Les Grecs le comparèrent à Pan, les Romains à Priape. Ses chairs sont souvent peintes en noir ; la couleur est celle du bitume et des ingrédients carbonisés, substance vivifiante, dont on enduisait le corps divin – le noir évoquant la fertilité (noir est le limon qu'apporte la crue du Nil pour fertiliser la terre d'Égypte) et la puissance vitale, la virilité toujours renaissante. Il se peut qu'à l'origine Min ait été un dieu du ciel : ce qui expliquerait pourquoi ses chairs sont parfois aussi peintes en bleu et pourquoi deux grandes rémiges de faucon dominent le mortier qui le coiffe ; il est alors appelé « l'Horus qui lève le bras » (**Horus** : nom habituel du faucon).

Parfois encore un bandeau ceint la tête du faucon-Min, bandeau analogue à celui qui entoure la tête des Bédouins du désert. Hypothèse : Min aurait pu être un très ancien dieu des bords de la mer Rouge, amené en Égypte par les caravaniers à travers les déserts.

De grandes panégyries avaient lieu chaque année en l'honneur de Min et des puissances génitrices de l'univers – attirant un grand nombre de pèlerins et un peuple nombreux. La fête de la « sortie de Min » (connue surtout par les représentations et les textes de l'époque ramesside) avait lieu chaque année au premier mois de la saison sèche, c'est-à-dire vers la fin du mois de mars, au temps des moissons. Les forces créatrices du dieu et celles de la terre se confondaient pendant la liesse des hommes.

MONTOU

Si le faucon est essentiellement mis en rapport avec le ciel (son milieu naturel), un autre aspect de l'oiseau avait sollicité l'imagination des Égyptiens : celui de prédateur. Vénéré dans la région thébaine, Montou fut considéré en ce lieu comme une divinité agressive, voire guerrière. Montou, figuré comme un faucon ou un homme à tête de faucon, peut aussi prendre la forme du taureau, animal agressif également. Il n'y a pas d'antinomie dans la pensée égyptienne, l'apparence est secondaire, l'essentiel réside dans leur valeur sensible.

N

NEFERTOUM

Une plante avait été particulièrement remarquée par les Égyptiens : le lotus – appelé *sesheshen* en égyptien ; ce nom est à l'origine, *via* la langue arabe, de notre prénom Suzanne ; les fleurs, appelées *nennefer*, « les belles », sont devenues pour nous « nénuphar » – lotus étant le nom latin.

Le lotus fut l'emblème primitif du jeune dieu de Memphis, Nefertoum, figuré comme un enfant portant le doigt à sa bouche ou comme un jeune homme sur la tête duquel s'épanouissait la fleur sacrée. Parfois c'est de la corolle de la fleur que surgissait la tête du jeune Nefertoum, dont le corps se confondait alors avec le végétal. Il fut très anciennement mis en rapport avec l'astre solaire, à la suite d'un fait d'observation quotidien : à l'aube, la fleur ouvrait ses pétales, qui se refermaient le soir quand l'obscurité recouvrait la terre. À partir de ce fait, les prêtres memphites élaborèrent une théologie simple : à l'origine du monde, dans le chaos liquide encore inorganique, surgit un jour un lotus bleu (« lotus pur né de la terre humide ») ; en s'ouvrant, la fleur devint le berceau du démiurge solaire qui reposait dans la corolle déclose : « son calice est d'or, ses pétales de lapis-lazuli », image colorée du ciel à venir. Lumineux déjà, l'astre préparait son jaillissement au premier jour de la genèse du monde.

Le souci de syncrétisme local, à Memphis, rassembla une triade divine : **Ptah**, le dieu-père – **Sekhmet** : la déesse-mère – Nefertoum, le dieu-fils.

Neith

Déesse archère, particulièrement vénérée dans la ville de Saïs (capitale du 5ᵉ nome de la Basse Égypte, dans la partie occidentale du delta du Nil). L'enseigne préhistorique du nome était constituée par deux flèches disposées en croix sur une peau d'animal. Neith, durant toute la période historique, est figurée comme une femme portant en ses mains deux flèches, et parfois un arc; elle peut aussi, dans ses représentations classiques, porter ces attributs sur la tête. L'ancienneté de son culte est largement attestée dans l'onomastique des noms de reines; les deux flèches croisées servent aussi de motifs décoratifs sur des vases crétois, contemporains des premières dynasties d'Égypte.

Sa protection guerrière « aplanit le chemin » devant les souverains et les dieux – les hommes aussi. Elle assoupissait avec ses flèches les fantômes et les êtres malfaisants qui rôdent pendant la nuit : on sculptait son image sur les chevets que les Égyptiens utilisaient pour dormir.

La nature de Neith est particulière : féminine essentiellement pendant la période pharaonique, masculine parfois (?). On remarque que, à Saïs (son lieu de culte originel), elle n'est associée à aucun dieu mâle; on lui attribue seulement un fils : le dieu-crocodile **Sobek**. Certaines représentations la montrent allaitant deux crocodiles à la fois; la recherche de synthèse, de cohésion religieuse, l'emporte sur la réalité matérielle. Son clergé, comme celui d'Hathor, fut presque uniquement composé de prêtresses. Mais, plus tard, dans les textes retrouvés à Esna, dans le temple de Khnoum (époque de Trajan), elle est appelée « le père des pères, la mère des mères,... issue d'elle-même alors que la terre était encore dans les ténèbres... Tout ce que son cœur contenait vint alors à l'existence ». Déesse-démiurge, aussi.

O

Osiris

Dieu agraire, à l'origine, incarnant les forces immortelles, toujours renouvelées, de la terre et des plantes, Osiris est sans doute pour nous le plus connu des dieux égyptiens, dont les lieux de culte furent nombreux sur les rives de la Méditerranée.

Il fut d'abord vénéré dans la ville de Busiris, située dans la partie occidentale du Delta. Peu à peu se rassemblèrent autour de sa personne les divinités des localités voisines, dans le cadre de la famille : **Isis**, adorée dans le 12e nome de Basse Égypte, fut considérée comme son épouse ; **Horus**, vénéré à Chemmis dans le 19e nome de Basse Égypte, devint le dieu-fils. Puis les lieux de culte d'Osiris, présidant aux puissances fécondantes de la terre, se font de plus en plus nombreux ; il s'associe avec les divinités importantes qui concluent un « compromis » avec ce dieu dont la popularité est grandissante. Les théologiens d'Héliopolis l'incluent dans l'**Ennéade** : il y fut admis comme le fils de Geb et de Nout, et le frère de Nephthys et de **Seth**. À Memphis, auprès de **Ptah**, il s'adjoignit Sokaris, puissance chtonienne et dieu funéraire de la nécropole. En Haute Égypte, il s'installa à Abydos, qui deviendra son lieu de culte essentiel et un grand centre religieux ; à partir de la XIe dynastie, il y supplanta le dieu Khenti-imentiou (« le premier des Occidentaux ») et prit ses attributions funéraires.

Ainsi se constitua peu à peu une personnalité divine – complexe, riche et forte. Osiris est représenté comme un dieu étroitement gainé (la « gaine » évoquant l'écorce de l'arbre, qui donne au dieu ses forces de renaissance végétale). De la gaine, sortent les bras, tenant les attributs de la royauté: le sceptre et le fouet chasse-mouches. Il est coiffé de la haute mitre blanche, parfois flanquée de deux grandes plumes d'autruche. Les chairs d'Osiris sont quelquefois peintes en noir, plus souvent en vert – couleurs de la renaissance.

Une légende, assemblant les traits pris à des sources diverses, se constitua autour de la personne d'Osiris. Les légendes sont diverses: la plus «égyptienne» et la plus ancienne est inscrite dans les textes sculptés dans les pyramides royales à partir de la Ve dynastie. La plus récente, celle présentée dans le *De Iside et Osiride* de Plutarque, à l'époque grecque (trois mille ans après les Pyramides), «brode» autour du texte ancien et révèle des influences spirituelles autres. Version des Pyramides: Osiris, fils de Geb et Nout, était le roi de la terre, un roi aimé, qui avait enseigné aux hommes l'agriculture et les arts. Mais il était jalousé par son frère Seth: celui-ci «lia» Osiris, le «tua» et jeta son cadavre dans l'eau du Nil. Les dieux furent dans l'affliction; alors Isis (sa sœur-épouse) et Nephthys (la femme de Seth), après avoir exprimé leur chagrin dans de grandes lamentations, se mirent en quête de la dépouille d'Osiris. Ensuite, sa mère Nout, pour sauver le corps de son fils de la putréfaction, «lie» à nouveau ses os, replace son cœur dans son corps et lui remet la tête (actes symboliques d'une nouvelle naissance). Le dieu **Rê** anime le corps reconstitué, assurant ainsi définitivement sa vie nouvelle. Du dieu ressuscité Isis conçoit Horus, qu'elle élève secrètement dans les marais de Chemmis, afin que l'enfant échappe à la vindicte de son oncle Seth. Devenu adolescent, Horus veut venger son père et provoque Seth en combat singulier. Seth arrache l'œil d'Horus et celui-ci émascule son rival (ainsi la trahison et la méchanceté demeureront-elles stériles). Horus donne l'œil retrouvé à son père, qui recouvre ainsi la vue: ce geste, l'offrande de l'œil *oudjat* («œil sain»), devint un moment important du culte funéraire; de nombreuses amulettes figurent cet œil, symbole de rattachement fidèle du fils au père. L'assemblée des dieux se réunit alors et proclame juste la cause d'Horus, qui monte sur le trône d'Osiris, devenant ainsi roi de la terre. Quant à Osiris, il allait régner désormais dans le monde souterrain, protégeant les défunts et assurant leur survie.

Rê-Horakhty demande que Seth vienne dans le ciel « en sa compagnie... il hurlera dans le ciel et on aura peur de lui ».

Ce n'est pas là le récit d'aventures purement imaginaires ; les différents épisodes de la légende possèdent souvent une valeur mythique. Que le corps d'Osiris jeté à l'eau devienne « vert et noir » (couleurs du printemps égyptien quand les blés en herbe sortent du limon) ou que, dans la version rédigée par Plutarque, les quatorze morceaux du dieu démembré soient dispersés sur le sol, Osiris demeure une divinité agraire, symbole de la fertilité éternellement renouvelée. « Vigoureux en sa jeune eau », il représente aussi la crue périodique fécondante. La légende osirienne est une part du vieux légendaire sémitique qui présente d'autres récits proches et de valeur analogue : en **Phénicie*** avec Baal, à Byblos avec les aventures d'Adonis.

De grandes fêtes annuelles faisaient revivre la passion d'Osiris. À Abydos, à partir de la XIe dynastie, elles avaient lieu à la fin du mois d'octobre – saison où les eaux de l'inondation se retiraient et laissaient la terre fécondée par le limon. Durant ces fêtes, les aventures du dieu étaient célébrées en de grandes représentations « théâtrales », animées par des prêtres portant des masques imitant le visage des différentes divinités.

P

Ptah

Ptah est un dieu très ancien, vénéré, dès l'origine, dans la capitale du premier royaume d'Égypte : Memphis, à la pointe du delta du Nil, à la jonction de la Haute et de la Basse Égypte. La ville fut capitale du royaume pendant les six premières dynasties, ce qui valut à Ptah un rôle éminent dans l'histoire religieuse.

Ptah est représenté comme un homme debout, tête rase, portant parfois une courte calotte. Son corps est compris dans une gaine, des rubans pendant le long du dos ; de la gaine, sortent seulement les bras tendus, les mains tenant le sceptre royal *ouas* auquel s'ajoutent parfois, en superposition, la croix ansée *ankh* et le pilier *djed* (trois figures exprimant la force, la vie et la stabilité) – la gaine évoquant, nous l'avons déjà dit, l'écorce de l'arbre, qui recèle le *pouvoir créateur* toujours renouvelé de la végétation, ainsi communiqué à Ptah.

Ptah est donc avant tout conçu comme un maître de création. Son nom même est signifiant : « celui qui façonne ». Si profondément ressentie était l'œuvre de Ptah, patron des artisans notamment, que le grand prêtre de son clergé s'appelait « le grand chef de tous les artisans », titre qu'aucun autre clerc ne possédait. L'œuvre de Ptah-démiurge est très particulière. Il créa l'univers, les dieux, les êtres et les choses, non par des moyens matériels ou humains, mais par l'*esprit* – par l'intelligence et le Verbe, fonctions dépendant de deux organes essentiels : le *cœur*, qui conçoit toute pensée, siège de la sensibilité, centre moteur de l'être, et la *langue* qui, en prononçant un mot, donne réalité à l'existence de ce que celui-ci exprime, concrétise ce que le cœur a pensé et voulu. Le mécanisme de cette création intellectuelle, élaborée par les grands prêtres de Ptah, nous est connu grâce à un texte suivi, retrouvé sur une grande stèle de granit, « recopié » par le roi Shabaka (XXVe dynastie) d'après le manuscrit original, qui existait encore à cette époque dans le temple de Memphis. « Toute parole divine vient à l'existence, selon ce que le cœur a conçu et ce que la langue a ordonné. »

Vénéré dans la capitale du royaume, Ptah fut également conçu comme un dieu-roi ; il porte le même titre que Pharaon, « roi du Double Pays ».

Ayant assimilé en partie le dieu Sokaris (divinité de la nécropole memphite) et ses attributions, Ptah poursuit son œuvre de vie dans l'au-delà auprès des défunts.

Ptah demeura, tout au long de l'histoire égyptienne, une divinité « indépendante » – échappant à la solarisation du panthéon sous la XIIe dynastie. Ptah fut un dieu essentiel qui, dans son œuvre de création, donna à l'*esprit* un rôle majeur. À l'époque des Ramsès, la grande trinité sacrée sera composée d'**Amon**, de **Rê** et de Ptah – trois figures divines que l'on peut contempler encore dans la pénombre du Saint des Saints du grand temple d'Abou Simbel. Il sera seulement, comme la plupart des dieux, pourvu d'une famille : une épouse, la déesse-lionne **Sekhmet** – un fils, le jeune dieu-lotus **Nefertoum** – toutes divinités adorées dans la région memphite.

R

Rê

Rê est le nom qui désigne le soleil.

Dès les temps anciens, il fut adoré, de par son essence même, dans de nombreuses villes d'Égypte ; mais sa métropole essentielle demeura, tout au long de l'histoire, la ville que les Grecs, beaucoup plus tard, baptisèrent Héliopolis : Iounou, en égyptien, située au nord-est du Caire actuel, en bordure du désert.

Le roi, conçu comme un être divin, un personnage sacré, fut naturellement mis en rapport très tôt avec lui. Dans un premier temps, dès la IVe dynastie, et plus encore sous la Ve, un syncrétisme religieux, presque étatique déjà, s'élabora autour du dieu Rê. Monuments et textes affirment cette primauté solaire, intimement liée au souverain. Un lien étroit, charnel presque, confondit le dieu et le Pharaon, conçu comme le « fils de Rê » – titre qui figura ensuite dans la titulature royale à toute époque.

Certains éléments architecturaux attestent aussi de ce lien. À partir de la Ve dynastie et jusqu'à la fin de celle-ci, sur la face est de la pyramide (monument funéraire royal, baptisé *pyramide* par les Grecs – *mer* en égyptien), on vit apparaître, à côté du temple funéraire (dit temple haut) où un culte quotidien était rendu au monarque défunt, un temple solaire au service de Rê (temple bas). Les ruines actuelles du temple d'Abou-Gourob (situé en bordure du désert libyque, à quelques kilomètres au nord-ouest de Memphis), construit par le roi Neouserrê (V^e dynastie), permettent de reconstituer le dispositif d'ensemble de ce lieu saint. Il s'agissait d'un temple à ciel ouvert, pour que Rê puisse pénétrer plus aisément en sa demeure ; on accédait par un simple portique à une grande cour, au centre de laquelle s'élevait l'autel ; derrière celui-ci se dressait une pyramide tronquée, surmontée d'un énorme obélisque, dont la forme apparaît ici pour la première fois. L'obélisque égyptien (*benben*) figure la pierre sur laquelle le soleil luisit, lorsque, sortant du chaos originel, il créa l'univers et lui donna la lumière. L'obélisque est une manifestation du culte des *bétyles* (*bet el* : la maison de dieu) très répandu dans les civilisations sémitiques ; le bétyle est une pierre sacrée, considérée comme la demeure d'une divinité. L'obélisque est la *maison de Rê*. La pyramide même représente un pan de lumière solaire figé sur la terre.

Les mythes inspirés par le soleil sont nombreux. Beaucoup se rattachent aux aventures encourues par le dieu durant son voyage diurne dans le ciel-d'en-haut. Dès son apparition au Levant, lumière jaillissante, il est accueilli par un chœur de cynocéphales, tandis que les hommes et les animaux dansent de joie. Rê monte dans son Navire du jour et navigue sur le Nil céleste (le ciel étant conçu comme un décalque de la terre), où des embûches lui sont parfois tendues. Parvenu au terme de son voyage supérieur, au Ponant, il change de navire ; il se fait alors haler dans le Navire de la nuit, au cours des douze heures qui précéderont son arrivée nouvelle au Levant ; cette lumière qui passe sur le Nil inférieur (autre effet de décalque) apporte aux défunts qui se pressent sur les rives du fleuve-d'en-bas un renouveau de vie. Rê croise donc Osiris, maître du domaine souterrain, durant ce périple ; les deux divinités, antagonistes peut-être d'abord, deviendront peu à peu des compagnons complémentaires, assurant la vie nouvelle des défunts.

S

Sekhmet

Déesse-lionne.

Le lion était la proie recherchée des grandes chasses royales au désert. C'est dans le désert que vivait le lion, se nourrissant de petit gibier ; mais le soir, pour étancher sa soif, il s'approchait des terres habitées, afin de boire l'eau des oueds tributaires du Nil. Naturellement, les hommes, apeurés, voulurent se faire un allié de ce fauve redoutable. C'est la lionne qui fut déifiée ; elle était sans doute plus agressive que le mâle et c'est elle qui chassait afin de quérir la nourriture pour ses petits.

La déesse Sekhmet (nom qui signifie « la puissante ») fut vénérée notamment dans la région de Memphis (1er nome de Basse Égypte), où elle était considérée comme l'épouse du dieu **Ptah**. Le plus souvent, dans ses représentations, Sekhmet trône en majesté, figurée telle une femme à tête de lionne. Elle est souvent associée, dans le culte qui lui est rendu, à **Bastet**, la déesse-chatte. La chatte, proche de la lionne, est la réplique adoucie du grand fauve du désert ; on la réjouissait au moyen de la danse et de la musique.

Élément féminin et fécond, la lionne Sekhmet peut, dans la pensée religieuse, concevoir et enfanter le roi, qui participera de sa nature divine et dont elle sera la protectrice naturelle. Animal puissant et batailleur, elle sera auprès du souverain dans les combats et assurera la sauvegarde de l'Égypte.

Dans le sanctuaire que le roi **Aménophis III** fit construire, au sud du temple d'**Amon-Rê**, à Karnak, pour la déesse Mout (parèdre d'Amon), on a retrouvé plusieurs centaines de statues en granit noir de la déesse léontocéphale Sekhmet, assimilée à Mout. La même présence divine multiple se retrouve dans le temple funéraire d'Aménophis III à Kom el-Heitan (rive gauche thébaine); chaque statue présentant dans le texte qu'elle porte une épithète différente de Sekhmet, l'ensemble constituait une grande litanie de pierre en l'honneur de cette divinité.

Seth

Voir Osiris.

Sobek

Guettant infatigablement sa proie, tapi dans les marais du Nil, ou nageant à fleur d'eau dans le fleuve, le crocodile était, pour les hommes et les animaux, un redoutable danger. Certes, on le chassait, le transperçant avec un harpon à la pointe acérée de silex. Mais, pour l'esprit égyptien, il semblait plus bénéfique de lui rendre hommage comme à un dieu, afin de se le concilier par des rites cultuels. Les poissons constituaient sa nourriture essentielle, mais il happait dans sa gueule tout ce qui passait à sa portée : le pêcheur, le berger des marais, la lavandière...

Le dieu Sobek (dont le nom signifie « le patient », « l'avisé » – allusion à ses veilles secrètes et meurtrières) était représenté soit comme un homme à tête de crocodile, soit sous forme entièrement animale, la tête surmontée du disque solaire. C'est une identité de « *geste* », à l'origine, qui valut à Sobek d'être associé au culte solaire : le crocodile surgit soudain des eaux du fleuve après une longue attente, comme le soleil avait soudain jailli de l'océan primordial au premier jour de la création. Le plan matériel et le plan mythique ne sont pas nécessairement dissociés dans la pensée égyptienne.

Ses lieux de culte sont assez nombreux. Sous la XIIe dynastie, il fut vénéré notamment dans le Fayoum, près du lac Karoun, dans la ville baptisée plus tard par les Grecs Crocodilopolis – où il était considéré comme le maître de l'univers. Mais son lieu de culte essentiel était à Kom Ombo (dans le 2e nome de Basse Égypte, à cinquante kilomètres au nord d'Assouan); le temple que l'on visite de nos jours est en fait celui qui fut reconstruit à l'époque gréco-romaine, le temple ancien étant tombé en ruine. Le monument est assez remarquable car le culte qui y était rendu était double, s'adressant aussi à un faucon solaire, le dieu Her-Our («le grand Horus» – Haroeris, plus tard, pour les Grecs).

Le culte de Sobek fut particulièrement durable; il était encore assuré bien après les débuts du christianisme: on a retrouvé un papyrus, datant de l'empereur romain Hadrien (vers 135 ap. J.-C.), qui énumère les localités égyptiennes où l'on vénérait toujours Sobek-le-crocodile.

T

Thot

Dans la « forêt » dense des bords du Nil, monde animal et monde végétal se mêlaient dans un fourmillement de vie. Parmi les hautes tiges de papyrus (qui pouvaient alors atteindre jusqu'à six mètres de haut), des oiseaux de toutes sortes volaient et tournoyaient, leur caquetage et leurs chants créaient un univers de bruit, tandis que leurs plumes multicolores assuraient le charme visuel.

Silhouette élégante et fine, hautes pattes élancées, l'ibis nichait dans les marais, ou dans les hautes corolles décloses des papyrus. Corps blanc, tête, cou et queue noirs, il était un élément familier du paysage d'Égypte. Les Égyptiens le considérèrent très tôt comme un oiseau bénéfique, car il détruisait les reptiles, animaux dangereux qui vivaient dans les marais des bords du fleuve ou jusque dans les terres voisines. Cela lui valut d'être considéré comme un dieu de l'ordre, de la mesure et du juste équilibre. Passant du plan matériel (résultant de faits d'observation concrets) au plan mythique, Thot (*Djehouty*, en égyptien) sera le dieu qui remédie aux décroissances mensuelles de la lune, nuisibles, selon la pensée égyptienne, au juste équilibre du monde. Sa signification lunaire est très ancienne, et, très vite, son culte se répandit, depuis le Delta (d'où il est sans doute originaire), dans toute l'Égypte ; son lieu de culte essentiel est la ville d'Hermopolis (métropole du 15e nome de Haute Égypte).

Les représentations de Thot sont diverses, au cours du temps et de l'histoire. Assez rarement figuré en sa forme d'oiseau, il est représenté, plus fréquemment, comme un homme à tête d'ibis, souvent coiffé du croissant lunaire. Dieu-lune, on le considère très tôt comme l'associé de **Rê** en son séjour céleste : « Les deux compagnons qui traversent le ciel, Rê et Thot » – divinités complémentaires qui donnent la lumière aux hommes. Un fait d'histoire religieuse lui conféra aussi la forme de babouin : lorsque Thot, à l'époque pharaonique, se fixa à Hermopolis, il y rencontra d'autres divinités plus anciennes vénérées en ce lieu – et notamment un babouin. De même qu'il n'y a pas d'antinomie entre les formes, il n'y a pas d'antagonisme entre les croyances : et Thot, dans un souci d'alliance avec des divinités plus anciennes, fut aussi représenté comme un babouin accroupi, coiffé du disque lunaire.

Dieu de l'ordre et de la mesure, Thot règne, semble-t-il, sur toutes les opérations intellectuelles. Il est le « prince des livres », l'inventeur du langage et de l'écriture. Aussi devient-il, tout naturellement, le patron des scribes. Souvent, dans les sculptures, un babouin est représenté assis sur l'épaule du scribe écrivant ; ou bien l'animal sacré trône en majesté, perché dans le dos de l'écrivain. Il est également le maître des chiffres, calculateur du temps, des années, des diverses divisions temporelles. Il est, toujours dans cette même acception, le greffier, le secrétaire des divinités : celui qui enregistre les résultats de la pesée du cœur du défunt (voir **Maât**), celui qui inscrit, lors de l'avènement d'un nouveau souverain, les noms du monarque sur les feuilles de l'arbre sacré. Il est encore le maître magicien, qui connaît les formules de vie tenues dans un lieu secret, lesquelles permettaient tant la guérison d'un malade que l'enchantement du monde.

Toueris

L'hippopotame, animal herbivore, n'était pas physiquement dangereux pour l'homme ; mais le paysan du Nil le considérait comme un ennemi ; car, venus en troupe depuis les marais, les hippopotames saccageaient les plantations, se nourrissant des jeunes pousses et piétinant la terre sous leur poids. On chassait donc l'animal avec un harpon, à la pointe de silex, comme pour le crocodile. Mais l'homme préféra se le concilier lui aussi en lui rendant des hommages cultuels.

On divinisa l'animal femelle, baptisée Toueris (*Ta-our*, en égyptien – « la grosse »), image même de la fécondité avec son ventre lourd aux flancs graisseux. On la représenta comme un être composite : Toueris est le plus souvent figurée debout, dressée sur ses pattes postérieures ; son corps d'hippopotame est pourvu d'une gueule de crocodile, de pattes de lion et de mains humaines – éléments permettant à la déesse, éventuellement, une défense efficace, destinée à éloigner les mauvais esprits et les influences néfastes. Elle protégeait notamment les femmes enceintes (dont la silhouette alourdie évoquait celle de Toueris) et assistait traditionnellement les reines et les femmes lors de leur accouchement.

De très nombreuses statuettes (de faïence notamment) la représentaient, appuyée souvent sur le signe hiéroglyphique de la protection magique, tandis que sur son corps étaient peintes les fleurs et les herbes flottantes de son milieu natal.

PHARAONS ET REINES DE L'ÉGYPTE ANCIENNE

Avant-propos

De 3200 avant J.-C. jusqu'en 333 (date de la conquête de l'Égypte par le roi de Macédoine, Alexandre le Grand), trente dynasties royales se succédèrent sur le trône d'Égypte – ce qui représente près de trois cents monarques, dont nous ne citerons ci-dessous que les plus remarquables.

Le roi s'appelle traditionnellement en égyptien (depuis Oudimou, le cinquième souverain de la Ire dynastie) *ne-sout-bit,* « celui qui appartient au roseau et à l'abeille » – éléments représentatifs de la flore et de la faune des deux « parts » de l'Égypte, pour une monarchie qui se veut unificatrice. Transmis par la Bible, le mot « Pharaon » vient de l'égyptien *per-aâ,* « la grande maison », qui, après avoir désigné le palais, a fini par s'appliquer à son prestigieux habitant. Mais à aucun moment de l'histoire le mot n'a servi de titre *officiel* au roi ; il n'est d'ailleurs d'usage qu'à partir du Ier millénaire avant J.-C. Le terme a simplement été consacré par nous à l'époque moderne.

Le roi d'Égypte est d'essence divine, engendré par les dieux ; se confondant d'abord avec **Horus**, il est aussi considéré comme le fils de **Rê**. Il est un *dieu,* auquel, au temps de **Ramsès II** notamment, on rendit un culte. Sommet d'une société très hiérarchisée, il incarne l'omnipotence du gouvernement, il est l'instance supérieure de tout élément directeur du pays. Il possède le don de l'omniscience, « tout ce qu'il ordonne se réalise ». Il fait régner la justice, protégeant le faible et assurant le bonheur de ses sujets. Il est le héros qui, seul au milieu de la mêlée, massacre les ennemis, pour la sauvegarde du pays. L'harmonie du monde et la bonne marche du cosmos dépendent de lui.

Amenemhat

Quatre rois de ce nom régnèrent en Égypte, entre 2000 et 1785 avant J.-C. Leur nom, qui signifie « Amon est le premier », souligne la montée en puissance, à ce moment, du dieu de Thèbes ; ils font partie de la XIIe dynastie.

Les Amenemhat furent des rois réformateurs ; l'une de leurs tâches essentielles fut de remettre de l'ordre dans le pays, de réorganiser l'administration, de redresser l'économie, après la grave crise sociale qui, durant près de deux siècles, avait bouleversé le royaume du Nil (de 2263 à 2040 av. J.-C. environ).

Amenemhat Ier parcourt le pays, brise certaines résistances intérieures et fait réviser les cadastres. Afin que sa succession ne présente pas de difficultés, il nomme son fils **Sésostris** (le futur Sésostris Ier) corégent et le charge de mener des campagnes en Nubie, en Libye et en Asie contre les populations toujours attirées par les richesses de l'Égypte ; il l'associe aussi au pouvoir intérieur. Brisant les ambitions personnelles des nobles provinciaux, il redonne à la Cour son rôle de centre de l'administration. Il fixe la capitale du royaume à Lisht, à la limite de la Haute et de la Basse Égypte, s'éloignant ainsi de Thèbes.

Les souverains, notamment Amenemhat III, aménagent, grâce à de grands travaux, l'oasis de Fayoum (au sud-ouest du Caire actuel). On organisa un système de canaux, régularisant la distribution de l'eau et créant ainsi une grande plaine fertile. Une écluse commandait l'arrivée de l'eau ; un grand barrage protégeait la vallée contre le danger que l'accumulation des eaux (en période de crue) aurait pu constituer.

Aménophis

Quatre rois de ce nom régnèrent en Égypte durant la XVIIIe dynastie. Le nom Aménophis (d'usage pour nous) est en fait la transcription grecque du mot égyptien : Imenhotep, signifiant « Puisse Amon être satisfait ».

Aménophis II (1450-1425 av. J.-C.)

Fils de **Thoutmosis III**. Il était âgé d'environ dix-huit ans lorsqu'il monta sur le trône d'Égypte. Son père l'avait déjà, de son vivant, associé aux affaires, en qualité de corégent, pendant environ deux ans. Comme ce dernier, Aménophis II fut un roi athlétique et sportif, accomplissant des exploits surhumains ; puissant chasseur, il fut surtout un archer redoutable, pouvant, en saisissant quatre flèches à la fois, transpercer quatre cibles en cuivre d'Asie (inscription sur stèle).

Héros d'une royauté triomphante, il mena, en Asie, deux campagnes militaires. En l'an VII de son règne, il atteignit l'Euphrate ; beaucoup parmi les princes des villes sortaient de leurs citadelles, sans coup férir, pour l'accueillir, tant était grand son prestige militaire. Un traité d'amitié fut signé alors avec le roi du Mitanni. En l'an IX, des engagements locaux, vite résolus, ont lieu à nouveau en Syrie septentrionale ; il triomphe encore de la citadelle de Kadesh, sur l'Oronte, ennemie traditionnelle des rois du Nil. Le dieu **Amon-Rê** lui apparaît en rêve et le guide, assurant sa protection magique. Le rayonnement de l'Empire d'Égypte est immense alors dans l'ensemble du Proche-Orient.

Karnak et la Nubie (notamment à Amada) sont le centre de son activité constructrice. Mais il bâtit des temples pour « ses pères les dieux » tout au long de la Vallée.

Aménophis III (1408-1370 av. J.-C.)

Fils de Thoutmosis IV, Aménophis III succéda à son père pour un long règne de trente-huit ans. Sa mère était une princesse mitannienne, fille du roi Artatama Ier ; pour la première fois, un Pharaon avait fait d'une étrangère sa « grande épouse », sacrifiant ainsi au souci de paix l'idée ancienne de la pureté du sang égyptien. Aménophis III renouvela les traités d'alliance, signés par ses prédécesseurs avec le Mitanni et avec **Babylone***. Ces alliances défensives étaient soutenues par de nombreux autres mariages politiques : il épousa la sœur du roi du Mitanni (qui était en fait son cousin), puis la sœur et la fille du roi de Babylone. Mais, en revanche, il semble bien que Pharaon répugnait à donner en mariage l'une de ses filles à un souverain étranger.

L'Égypte était alors la plus grande puissance financière du monde ; l'or entraîne des amitiés précieuses. La correspondance échangée entre les Cours orientales le prouve. Ces lettres témoignent de l'existence, à cette époque, d'ambassadeurs (chaque fois accrédités pour une mission spéciale et non pour un poste fixe), tandis qu'apparaissent les éléments d'un premier droit international, dont Babylone était sans doute la source première. La diplomatie joua un grand rôle durant le règne d'Aménophis III. En revanche, il y eut peu d'expéditions militaires : l'Empire était stable, l'économie prospère.

À la Cour, un personnage joua un rôle important, ce fut la « grande épouse royale », Tiy, qui appartenait à une famille égyptienne d'origine moyenne ; Tiy était une tête politique, conseillant le roi (plus ou moins heureusement parfois). À la Cour encore, Aménophis III épousa aussi plusieurs de ses filles, préludant ainsi aux expériences conjugales des **Ramsès** ; ce qui aurait été considéré comme un inceste impardonnable pour le commun des mortels ne pouvait l'être pour le roi, d'essence divine, échappant donc aux lois des humains.

Aménophis III poursuivit la politique de construction de temples. À Louxor, notamment, il bâtit un nouveau lieu saint, remplaçant celui élevé précédemment par la XIIe dynastie. Dans le sud, le souverain fit bâtir pour Amon l'un des plus beaux temples du Soudan : à Soleb, entre la 2e et la 3e cataracte, sur la rive gauche du Nil. En l'an 30 de son règne, il fit aussi construire à Thèbes, sur la rive gauche du fleuve (rive désormais traditionnelle des tombeaux de la Vallée des Rois), un nouvel ensemble résidentiel : le palais de Malqata – vraisemblablement pour échapper à l'emprise de l'ambitieux clergé d'**Amon**, qui « régnait » sur la rive droite.

Aménophis IV ou Akhenaton (1370-1354 av. J.-C.)

Il était le fils unique d'Aménophis III et de la reine Tiy. Alors adolescent de quinze ans, prince mystique, il allait bouleverser pendant dix ans ce qu'avaient instauré ses prédécesseurs sur le plan politique et religieux. La rupture se produisit en l'an IV de son règne : désormais, la divinité éminente sera **Aton**, le soleil figuré avec des bras aux mains tendues vers la terre et les humains. Le roi prit alors le nom d'Akhenaton (« Celui qui satisfait Aton »). Il abandonna la capitale de ses ancêtres et construisit une nouvelle ville, devenue dès lors centre du gouvernement et résidence de la famille royale, à Tell-el-Amarna, à trois cent vingt kilomètres au nord-est de Thèbes ; il l'appela Akhet-Aton, « l'horizon d'Aton ».

La nouveauté du règne d'Aménophis IV résida dans l'intolérance qui entraîna persécutions et destructions. Jusqu'en Nubie, le roi dépêcha des hommes chargés d'anéantir toute trace des antiques croyances ; beaucoup d'images sacrées furent détruites, les richesses des lieux saints transférées à El-Amarna. À Thèbes, les séides de Pharaon pénétrèrent jusque dans les tombes, s'acharnant, par le martelage des noms, à faire disparaître ceux des dieux jusqu'alors vénérés – et surtout celui d'**Amon**. Cette grande persécution religieuse résulte sans doute d'intrigues graves menées par les prêtres thébains – un complot contre le roi, peut-être. Mais on n'arrache pas leur foi aux hommes, et chacun se tint coi en attendant que passe l'orage ; cela dura dix ans. Entre-temps, les difficultés économiques et politiques croissaient ; l'Empire d'Égypte se démantelait.

Dans le domaine de l'art, si les principes de base ne furent pas vraiment touchés, Pharaon sacrifia au souci de vérité et de naturel, allant jusqu'à la caricature, accentuant les déformations du corps humain : les crânes se prolongent anormalement vers l'arrière, le visage s'allonge, la poitrine se rétrécit, le ventre ballonne au-dessus du pagne – cela, peut-être, pour réagir contre la grâce achevée des représentations de l'époque précédente. Seule la beauté de la reine Néfertiti (dont le nom signifie « La belle est venue ») fut respectée ; princesse d'origine mitannienne, peut-être, elle donna au roi six filles, mais aucun héritier.

Cléopâtre VII (69-30 av. J.-C.)

Princesse macédonienne, fille de **Ptolémée** Aulète. Elle était très populaire dans la Vallée, car elle parlait la langue égyptienne et partageait certaines croyances, ce qui n'avait été le cas d'aucun de ses prédécesseurs étrangers. C'est pourquoi elle entendait conquérir le trône qui lui revenait de droit. Dans ce but, elle voulut attirer à sa cause Jules César, essayant de le séduire par ses charmes, au cours de longues navigations sur le Nil ; l'affaire fut bien menée et César installa Cléopâtre sur le trône d'Égypte, dès qu'il se fut débarrassé de son adversaire Pompée, après la journée de Pharsale (en 48).

L'ambition de Cléopâtre ne s'arrêta point là. Elle épousa Antoine, général romain, lieutenant de César, espérant partager avec lui la royauté sur l'Orient. Mais Antoine fut défait à Actium (en 31) par Octave, au cours d'une bataille navale ; Octave était le petit-neveu de César, que celui-ci adopta. La victoire d'Actium assura à Octave la domination sur le monde romain. Mais c'était un homme froid (ou raisonnable) qui résista aux nouvelles tentatives de séduction de Cléopâtre, laquelle avait abandonné Antoine et était toujours en quête de pouvoir. Alors la reine d'Égypte préféra se donner la mort plutôt que de subir l'humiliation du « Triomphe » à Rome ; elle se fit mordre par un aspic (vipère venimeuse).

D

DJOSER (2778 av. J.-C. - ?)

Djoser («le Magnifique») fut le premier roi de la IIIe dynastie. Les sources écrites sont trop rares, à cette époque, pour que nous puissions comprendre la raison de ces changements de dynastie, ni l'origine des souverains.

Des inscriptions rupestres et des bas-reliefs nous renseignent toutefois sur certaines activités extérieures au royaume. En Nubie, Djoser conquit la région située au nord de la 2e cataracte, entre Assouan et Takompso. Il exploita les richesses minières du Sinaï, organisant notamment plusieurs expéditions au Ouadi Magharah. Il fixa définitivement la capitale à Memphis (à la pointe du Delta).

C'est dans le domaine de l'art que le règne de Djoser marque une véritable révolution. Jusqu'alors, le matériau architectural employé avait été successivement le papyrus et le clayonnage, puis la brique et le bois; sous l'impulsion d'un architecte de génie, Imhotep, on employa désormais un matériau plus noble, plus résistant: la pierre taillée. Imhotep rénova aussi les formes architecturales: sur le plateau de Saqqarah (à vingt-huit kilomètres au sud du Caire actuel) s'élève la première pyramide (de soixante mètres de hauteur), à parois non lisses encore, mais comportant six degrés jusqu'au sommet – tirant pour la première fois un parti admirable du site naturel que borde au loin la falaise libyque. Cette première pyramide à degrés, somptueux tombeau royal, est une magistrale transposition dans la pierre du tas de sable rectangulaire qui, dans les sépultures prédynastiques, recouvrait humblement le corps. Escalier grandiose qui permettait au souverain défunt de rejoindre son père **Rê**, le Soleil.

Hatshepsout

Royale usurpatrice, Hatshepsout (« la première des nobles dames »), fille de **Thoutmosis I**[er], fut la grande épouse du roi **Thoutmosis II**. De leur union naquirent deux filles. Mais le souverain avait aussi un fils mis au monde par une servante, nommée Isis ; on appela l'enfant Thoutmosis (le futur **Thoutmosis III**), Hatshepsout étant régente.

À la mort de Thoutmosis II, vers 1504 avant. J.-C., la question de la succession se posa, car le petit prince était, semble-t-il, très jeune. Mais, d'après les textes sculptés dans le temple de Karnak, il apparaît qu'il fut choisi par son père (du vivant de ce dernier) et élu par le dieu Amon. L'annonce officielle du couronnement (voir 7e pylône du temple de Karnak) eut lieu au palais royal en présence d'une grande assemblée de hauts dignitaires ; la nouvelle de cette accession au trône d'Égypte fut, selon la coutume, immédiatement diffusée dans les terres méridionales de Nubie et du Soudan.

Mais Hatshepsout était ambitieuse, avide de pouvoir ; entre l'an V et l'an VI du règne de Thoutmosis, elle transforma la régence en royauté usurpée, laissant croire que son père Thoutmosis Ier l'avait, de longue date, prédestinée au trône d'Égypte. En l'an VII eurent lieu les cérémonies du couronnement d'Hatshepsout, qu'elle voulut prestigieuses ; ce fut, en fait, un grand drame liturgique, une vaste mise en scène théâtrale, élaborés par des amis puissants, en s'inspirant de traditions religieuses et littéraires. Thoutmosis III était présent, mais apparaissait toujours en second dans les cérémonies.

Le « règne » d'Hatshepsout créa une menace pour la stabilité intérieure, comme extérieure, de l'État. La « reine » se préoccupa d'abord, négligeant les intérêts supérieurs de l'Égypte, d'assurer son règne en s'entourant de fidèles dévoués à qui elle confia les plus hautes charges. Hatshepsout donna aux clercs d'**Amon**, dont s'étaient toujours méfiés ses prédécesseurs, une place dominante; ainsi Hatshepsout fut-elle à la fois vizir de fait et grand prêtre d'Amon; ce cumul de charges politiques et religieuses ne s'était jamais produit jusqu'alors; c'était là une concession fort dangereuse. Des favoris furent également pourvus de titres de Cour et de prêtrises multiples: ce fut notamment le cas de Senmout, l'ami le plus intime de la reine.

Autre danger: Hatshepsout ne pouvait conduire en personne des opérations militaires, nécessaires pour maintenir la cohésion de l'Empire. Pour compenser cette faiblesse, elle organisa des expéditions de prestige: au pays de Pount, notamment (en l'an IX), suivant la politique de ses prédécesseurs. Pount est une région située à l'est du Soudan, vers la mer Rouge, au nord et à l'ouest de l'actuelle Éthiopie; on allait y quérir par mer les produits africains locaux, et surtout l'encens, indispensable pour la pratique des cultes. Textes et bas-reliefs du temple de Deir el Bahari relatent glorieusement le voyage.

À Deir el Bahari, pour le temple funéraire de la reine, Senmout sut composer un ensemble architectural remarquable, où les lignes, les volumes et les couleurs s'ajustent suivant des rapports parfaits, en tenant compte du site. La lente ascension des trois terrasses étagées et des rampes au flanc de la colline du désert libyque, la symétrie des portiques, dont les larges horizontales compensent admirablement la longue verticale ascendante des terrasses étagées, constituent un chef-d'œuvre d'équilibre raisonné. Le temple est un *hemispeos*, dont le sanctuaire est creusé dans la falaise.

HOREMHEB (1339-1314 av. J.-C.)

À la mort d'**Aménophis IV** après le règne de Toutankhamon et celui de deux souverains éphémères, un homme prenait alors en Égypte une importance grandissante: le général Horemheb («Horus est en fête»), dont les faits d'armes au Proche-Orient lui avaient valu un grand prestige. Vers 1339 avant J.-C., il accéda au trône d'Égypte, à la suite d'un oracle rendu en sa faveur par le dieu **Amon** ; pour légitimer aussi sa souveraineté nouvelle, il épousa une princesse de la lignée royale. Il fut le dernier roi de la XVIIIe dynastie. Roi sauveur, il rétablit la mainmise royale sur l'administration ; il procéda par décret à de nombreuses réformes intérieures ; il rétablit ainsi la stabilité du pays, tandis que s'affirmaient à nouveau les cultes traditionnels. Il fallait aussi assurer la sauvegarde de l'Empire, dont les provinces septentrionales étaient menacées par les Hittites ; général victorieux, il réunifia l'Empire égyptien. Son titre était désormais « Roi d'Égypte et Soleil des Neuf Arcs », titre qui va bientôt figurer dans la titulature des **Ramsès**.

Autre geste de sauvegarde, il choisit pour son successeur le vizir et commandant de l'armée Per-Ramsès (futur **Ramsès Ier**), ayant compris que, désormais, seul un chef guerrier pouvait préserver l'Empire.

K

KHEOPS (« Puisse Rê me protéger »)
Vers 2650 av. J.-C. – Deuxième roi de la IVe dynastie, fils de **Snéfrou** (premier roi de la dynastie).

KHEPHREN (« Puisse Rê apparaître en gloire »)
Vers 2620 av. J.-C. – Quatrième roi de la IVe dynastie, fils ou frère de **Kheops.**

Peu de documents écrits nous sont parvenus de leurs règnes ; ils sont seulement inséparables dans l'esprit des écoliers de nos jours. Leur puissance est attestée par la grandeur majestueuse des pyramides construites sur le plateau de Gizeh, face au Caire actuel. Elles sont le résultat de longues recherches formelles (après le monument novateur du roi **Djoser** et les trois pyramides du roi **Snéfrou**), aboutissant à la construction de pyramides à parois lisses, magistral accomplissement architectural, destiné à assurer la survie du roi défunt. La plus haute des pyramides est celle de Kheops (hauteur : 146,60 mètres ; côté : 230,90 mètres). De taille inférieure est celle de Khephren (hauteur : 143 mètres ; côté : 215 mètres). En dehors de la pyramide même (avec ses longs couloirs, ses corridors dont les herses pouvaient bloquer l'accès, la chambre funéraire située dans la superstructure où était déposé le sarcophage contenant la momie royale), l'ensemble du dispositif monumental s'étend : dans la Vallée, on construit un temple *bas*, consacré à la préparation de la momie royale ; une longue chaussée montante (494 mètres chez Khephren) permettait d'accéder au temple *haut*, situé sur la face est de la pyramide même, où, chaque jour, un service d'offrandes et des cérémonies garantissaient la survie du monarque.

Le peu que l'on sait sur l'administration du royaume provient de graffitis inscrits notamment sur les rochers du Sinaï ; depuis la Ire dynastie, les rois s'intéressaient à la politique de pénétration dans la péninsule, située sur le chemin de l'Asie ; Snefrou et Kheops (son fils) développèrent beaucoup l'exploration des mines de cuivre et des carrières de turquoise ; des villages d'ouvriers furent créés, protégés par des retranchements contre les nomades pillards.

Les noms mêmes des souverains témoignent de la montée en puissance du clergé d'Héliopolis et des prêtres de **Rê**.

La plus petite des trois grandes pyramides de Gizeh est le tombeau du roi **Mykerinus** ; elle occupe une superficie inférieure de moitié à celle occupée par la plus grande.

Merenptah (1229-1218 av. J.-C.)

Quatrième roi de la XIXᵉ dynastie. Fils de **Ramsès II** (son nom signifie « l'aimé de **Ptah** »).

À la fin du règne de Ramsès II, qui mourut fort âgé, Merenptah assura la corégence et peut-être même, déjà, le gouvernement de l'Égypte.

À ce moment, l'équilibre international était gravement menacé : d'une part par les ambitions de l'**Assyrie*** (à l'est), qui cherchait à étendre son influence sur le pays hittite et la Syrie du Nord. D'autre part, de grands mouvements de peuples eurent alors lieu : tandis que les Achéens, après leur victoire sur la ville de Troie, exerçaient une suprématie incontestée sur l'Égée et l'Hellespont, des Doriens (peuple du Nord – Illyrie ?) pénétrèrent en Grèce, ruinant par leurs destructions la civilisation achéenne, brûlant les villes. Les armées hittites arrêtèrent leur progression avant qu'ils n'atteignent l'île de Chypre. Précédant l'invasion de la Grèce par les Doriens, des peuples indo-européens (venus sans doute des régions caucasiennes) cherchèrent à s'installer en Asie Mineure. Le royaume du **Hatti***, après d'héroïques combats, finit par succomber. Venant de Grèce et d'Asie Mineure, les populations autochtones, chassées de leurs résidences, s'embarquèrent sur leurs voiliers, cherchant refuge dans le sud, en quête d'une terre hospitalière, attirées notamment par la riche Égypte ; certains descendirent le long de la côte méditerranéenne. Les textes égyptiens les appellent « Peuples du Nord et de la mer ». C'est dans ce contexte international, lourd de menaces, que Merenptah, âgé alors de soixante ans, succéda à son père Ramsès II.

En l'an IV de son règne, Merenptah se prépara au combat et mena plusieurs campagnes pour repousser les envahisseurs déjà parvenus sur les frontières libyennes et (peut-être) asiatiques. Assuré de ce côté, il décida, en l'an V, d'affronter le risque majeur: en effet, les envahisseurs, organisés maintenant sous la conduite de leur chef Meriag, avaient pénétré dans le delta du Nil et marchaient vers Memphis. Le dieu **Ptah**, dans un songe, exhorta Pharaon au combat, et, le troisième jour du troisième mois de la saison d'été (vers le 22 juin), un combat, qui dura six heures, mit en déroute les ennemis, incapables de résister longtemps à l'armée égyptienne, puissante et entraînée. Le premier assaut des Peuples du Nord et de la mer avait été brisé et Merenptah rentrait triomphalement, avec prisonniers et butin, dans sa capitale, accueilli par la liesse populaire.

À la mort de Merenptah (en 1218), un usurpateur, Amenmes, prit le pouvoir à la suite d'événements que nous connaissons mal jusqu'au retour, en 1213, de l'héritier ramesside légitime: **Séthi II**.

MYKERINUS («Que demeurait les kas de Rê»)
Vers 2600 av. J.-C. – Cinquième roi de la IVe dynastie. Fils de **Kheops** ou de **Khephren**.

N

NARMER (vers 3200 av. J.-C. - ?)

Premier roi de l'Égypte unifiée (Ire dynastie).

Avec un instinct politique semble-t-il très sûr, Narmer jeta les fondations d'une nouvelle capitale, Memphis, à la pointe du Delta; quelque temps encore, le centre administratif demeura à Thinis, près d'Abydos. Cette attirance d'une monarchie, récemment unifiée, vers le centre naturel du royaume, se manifesta aussi dans l'emplacement nouveau choisi pour les tombes royales; si les premiers cimetières royaux furent établis en Abydos, d'autres nécropoles des souverains appartenant aux deux premières dynasties furent retrouvées sur les sites de Saqqarah et d'Hélouan (proches de Memphis).

Narmer et ses successeurs furent de véritables responsables politiques; grâce à eux, l'ordre pharaonique s'instaura, les bases d'une administration furent établies, qui demeureront jusqu'à la fin de l'histoire; ils assurèrent militairement le maintien du royaume unifié contre les révoltes locales. On peut parler, avec Narmer, de *miracle égyptien*.

NÉFERTARI

La reine Néfertari fut la première épouse de **Ramsès II** – noble dame de haut lignage, sans doute d'origine thébaine. Fort aimée par le roi, elle joua un certain rôle politique. Le souverain fit construire pour elle le petit temple d'Abou Simbel. Sa tombe est une des plus belles de la nécropole thébaine, remarquable par la finesse et la beauté de ses peintures. Elle mourut en l'an XXIV du règne de Ramsès II.

P

Pépi

Nom de deux rois appartenant à la VIe dynastie (vers 2420-2280 av. J.-C.). Entre eux régna Merenrê, fils de Pépi Ier et frère de Pépi II.

La durée du règne des souverains Pépi fut particulièrement longue – un demi-siècle pour Pépi Ier. Quant à Pépi II, après avoir accédé à la royauté à l'âge de six ans, il garda le pouvoir pendant quatre-vingt-quatorze ans environ : c'est le plus long règne connu de l'histoire.

Avec Pépi Ier, souverain énergique, la royauté s'affirma. L'appareil gouvernemental connut, sous Pépi Ier, un développement important : accroissement du nombre des fonctionnaires, notamment ceux appartenant à la classe des scribes, indispensables dans toutes les activités de l'État. Des expéditions poursuivirent la pénétration vers le Sud, en Afrique ; des explorateurs, tel le prince Hirkhouf (prince d'Assouan, au temps de Pépi II), établirent de nouvelles routes de pénétration suivant des pistes inconnues, bien au-delà de la Nubie, en direction du Darfour. La relation des aventures vécues par Hirkhouf figure dans les inscriptions qu'il fit sculpter dans sa tombe, à Assouan. On explora aussi les chemins de l'Asie ; des campagnes victorieuses au Sinaï et en **Canaan***, menées par le général Ouni, sous Pépi Ier, mirent fin aux « guerres » entreprises par les nomades des déserts.

Mais la faiblesse de Pépi II, en son grand âge, « ralluma » les ambitions des princes locaux. Une oligarchie allait peu à peu ruiner le système monarchique. Le pays, privé de la stabilité apportée par une monarchie centralisatrice puissante, connut alors pendant près de deux siècles une grave crise sociale, finalement maîtrisée par les souverains **Amenemhat** (sous la XIIe dynastie).

Psammétique

Roi originaire de la ville de Saïs. Il expulsa hors du territoire national, en 663 avant J.-C., les **Assyriens*** (qui avaient mis à sac la ville de Thèbes, après avoir envahi l'Égypte). Il chassa d'Égypte, également, les Éthiopiens, qui avaient régné sur le pays durant la XXVe dynastie. Grâce à la détermination de Psammétique Ier, ni les Éthiopiens ni les Assyriens ne pourront jamais revenir dans la vallée du Nil. Psammétique Ier inaugura la XXVIe dynastie qui, de 664 à 525, va permettre une splendide renaissance nationale après l'occupation étrangère. Deux autres souverains Psammétique continueront son œuvre. L'agriculture connaît à nouveau la prospérité, le pouvoir est rendu à la Cour et à l'administration. Memphis retrouve son rôle de capitale ; dans cette ville connue du nord du pays se multiplient les constructions pieuses. Thèbes n'est pas négligée ; avec ferveur, on reconstruit les monuments détruits par les Assyriens.

Cette indépendance nationale, l'Égypte ne la retrouva que pour un temps. L'invasion des Perses, avec Cambyse, en 525, mit fin à la renaissance saïte.

Ptolémée

Entre 304, date d'accession au trône de Ptolémée Ier et 30 avant J.-C., date de la conquête romaine, quinze souverains portèrent le nom de Ptolémée.

En 333, le roi de Macédoine, Alexandre le Grand, avait donc conquis l'Égypte ; la royauté sur le pays lui avait été donnée par l'oracle d'**Amon**, dans l'oasis de Siouah, et confirmée par son intronisation officielle dans le temple de **Ptah**, à Memphis. Il fonda en 332 la ville d'Alexandrie, nouvelle capitale pour l'Égypte et port important qui allait profiter de la ruine récente de Tyr. À sa mort, en 304, l'un de ses généraux et garde du corps lui succéda comme souverain de l'Égypte : Ptolémée Ier Soter, fils de Lagos, inaugura la dynastie des Lagides. Il organisa administrativement le pays. Œuvre poursuivie par son fils Ptolémée II Philadelphe (285-247 av. J.-C.), qui établit un rigoureux système d'administration financière et installa des colonies grecques au Fayoum. C'est de son règne que datent les plus célèbres constructions d'Alexandrie : le musée, le phare, la bibliothèque. Non sans quelques querelles intestines, la dynastie se maintint ; elle connut des succès diplomatiques et militaires en Cyrénaïque et en Syrie notamment. Mais l'Égypte supportait mal ces règnes étrangers ; en 187, Ptolémée V Épiphane dut reconquérir la Thébaïde qui s'était révoltée.

L'empereur romain Octave mit fin à la dynastie en faisant assassiner Ptolémée XV Césarion, né de l'union de César et de Cléopâtre, qui aurait pu gêner ses ambitions.

Avec la conquête romaine, en 30 avant J.-C., l'Égypte cessera désormais d'être une nation indépendante, ayant sa capitale et ses rois (fussent-ils étrangers) sur son propre sol, pour devenir une province de l'Empire romain.

R

Ramsès

Ramsès II (1296-1229 av. J.-C.)

Troisième souverain de la XIXe dynastie.

Les Ramsès, deux siècles après les **Thoutmosis**, furent les grands souverains impériaux de l'Égypte. Vers 1296 avant J.-C., Ramsès II (petit-fils de Ramsès Ier et fils de Séthi Ier*, suivant une succession naturelle) accéda à la royauté. Il connaissait les affaires de l'État, car son père l'avait associé au pouvoir en qualité de corégent.

À ce moment, la situation en Asie était de nouveau très menaçante. Mouwatalli, le roi du **Hatti***, n'avait cessé de nouer de nouvelles alliances avec les peuples de l'Asie Mineure et ceux de la Syrie du Nord, établissant ainsi, face à l'Égypte, un bloc d'hégémonie politique redoutable; par ailleurs, le Hatti, en développant son commerce avec les peuples du littoral et des îles de la mer Égée, rivalisait avec la politique d'hégémonie égyptienne en Méditerranée. Mouwatalli et Ramsès II se préparèrent à l'affrontement. Ramsès II créa une nouvelle capitale aux marches de l'Asie: Per-Ramsès, une ville mi-égyptienne, mi-asiatique, qui devait assurer la protection de l'Empire et la défense de la vallée du Nil. Il concentra une grande part de son armée dans la ville nouvelle, une armée renforcée par l'adjonction d'une quatrième division, chaque division de l'armée étant placée sous la garde d'un dieu (**Amon**, **Rê**, **Ptah**, **Seth**).

Batailles et épopées. La rencontre entre les deux souverains rivaux devait, une fois encore, avoir lieu à Kadesh, la citadelle sur l'Oronte, en la 5e année du règne. En dépit d'une ruse mensongère de Mouwatalli qui faillit perdre l'Égypte, l'héroïsme de Ramsès sauva l'Empire du Nil, après deux jours de combats épiques. De l'an 6 à l'an 18 de son règne, Ramsès II continua à guerroyer en Asie. Entre l'an 15 et l'an 18, il dut se rendre au Soudan pour mater une révolte et apporter son aide au vice-roi.

Alors un nouveau danger surgit à l'Est: Salmanasar Ier, roi d'**Assyrie***, envahit le pays de **Mitanni*** et s'installa définitivement sur l'Euphrate. Devant cette menace nouvelle, et peut-être lassés par plus de treize ans de guerre, l'Égypte et le Hatti cherchèrent à s'allier. D'après la correspondance échangée, il semble que ce soit Hattousili III (frère et successeur de Mouwatalli), le plus directement menacé par les ambitions assyriennes, qui ait pris l'initiative de ce rapprochement. Un traité d'alliance fut finalement conclu, le plus anciennement connu dans l'histoire du monde; le texte de ce traité nous est parvenu, en double exemplaire. L'exemplaire hittite fut déposé à Héliopolis, au pied d'une statue du dieu solaire; le texte fut sculpté en hiéroglyphes sur les murs de plusieurs temples en Égypte, en Nubie et au Soudan. L'exemplaire établi par Ramsès II fut déposé au pied d'une statue du dieu hittite Teshoub et recopié sur des tablettes d'argile (en caractères cunéiformes), placées dans les archives officielles du Hatti, où elles furent retrouvées sur le site de Bogaz-Khöy, en Turquie, au début de ce siècle. Des alliances matrimoniales furent conclues après ce traité, à la suite de longs échanges épistolaires. En l'an 34 de son règne, Ramsès II épousa la fille du roi du Hatti, tandis que le frère de la jeune reine vint rendre visite à Ramsès, et passa l'hiver en Égypte. Il est possible aussi que Ramsès ait épousé une autre princesse hittite, sœur de la précédente.

Un demi-siècle de paix et de prospérité s'ensuivit.

L'Empire des souverains ramessides fut conçu par eux comme un pays unique, une grande unité politique, spirituelle et religieuse où peuples et croyances devaient s'intégrer dans un ensemble sans faille. L'Égypte devenait ainsi le centre du monde: Ramsès était un dieu auquel était rendu un culte. C'est là une conception du pouvoir différente de celle des **Thoutmosis**, autres grands conquérants.

Ramsès II fut aussi un souverain bâtisseur. Tout au long de la vallée du Nil, depuis Per-Ramsès jusqu'en Nubie et au Soudan, on rencontre les monuments qu'il fit élever à la gloire des dieux : à Memphis, Karnak, Louxor notamment ; le plus célèbre et le plus important de ces temples étant celui d'Abou-Simbel, en Nubie.

À la mort de Ramsès II, en 1229 avant J.-C., son fils **Merenptah** (le treizième de sa nombreuse descendance) lui succéda. Mais, à la mort de celui-ci, la lignée ramesside fut momentanément interrompue, le pouvoir étant accaparé par quelques usurpateurs – peut-être même par un mercenaire syrien, Iarsou. Pour sauver l'Égypte de l'anarchie et des dissensions intérieures, Sethnakht (militaire de carrière et peut-être l'un des nombreux descendants de Ramsès II ?) va, en 1196 avant J.-C., rendre à l'Égypte l'ordre monarchique qui engendre la prospérité. Il fonde la XXe dynastie et, après deux ans de règne, il transmet le pouvoir à son fils, Ramsès III.

Ramsès III (1198-1166 av. J.-C.)

Deuxième souverain de la XXe dynastie.

Les années de désordre, après le règne de Ramsès II, avaient permis aux ennemis de l'Égypte de se regrouper pour assaillir les terres et les richesses de la vallée du Nil. En Libye, depuis la défaite que leur avait infligée **Merenptah**, les Peuples de la mer s'infiltraient dans le Delta ; en outre, les envahisseurs s'étaient répandus en Cilicie et dans le **Naharina*** : de grands ports phéniciens comme Ougarit étaient détruits et brûlés, Chypre tombait entre leurs mains tandis que le pays de **Canaan*** était recouvert lentement par ces peuples indo-européens, qui, déjà installés dans le grand Empire égyptien de l'Asie, menaçaient directement maintenant le pays même. Contre ces peuples en quête d'asile, Ramsès III va opposer une résistance farouche au cours de grandes batailles terrestres et navales. En l'an V de son règne, les Peuples de la mer attaquent à l'Ouest ; Ramsès et son armée leur barrent le chemin dans le delta même du Nil et reviennent, triomphants, dans la capitale. En l'an VIII, les Peuples de la mer attaquent au Nord, après avoir formé une ligue contre l'Égypte ; le danger venait à la fois de Canaan et de la mer : une grande bataille navale eut lieu dans les bouches du Nil, durant laquelle furent brûlés de nombreux vaisseaux ennemis. En l'an XI, ce fut un nouvel assaut des Peuples de l'Ouest, qui envahirent l'Égypte ; l'armée égyptienne fit un carnage et ramena, victorieuse, captifs et butin, tandis que, tout au long du parcours, le peuple égyptien acclamait son protecteur, Ramsès III, le « vêtement de l'Égypte ». Durant ce temps, le **Hatti***, en dépit de l'héroïsme de ses rois, succomba peu à peu à l'assaut des Peuples. Seule l'Égypte, semble-t-il, avait sauvé encore une part de son Empire d'Asie. Huit pharaons ramessides régnèrent après Ramsès III. Après Ramsès IV, ce furent des souverains faibles, ne sachant pas résister aux forces diverses qui tendaient à la ruine du pouvoir pharaonique.

Le vieux monde oriental avait été bouleversé par toutes ces guerres. La civilisation phrygienne succéda à celle des Hittites en Anatolie centrale. Sur les rives méditerranéennes, autour des ports de Gaza, Ascalon et Jaffa, un État nouveau apparut, créé par les Palestiou (ou Philistins, peuple indo-européen), qui donnèrent leur nom au pays : la Palestine. Quelques Achéens et les Libou s'installèrent à l'ouest du Delta, dans la région qui prit leur nom : la Libye. D'autres de ces Peuples, toujours en quête d'une terre hospitalière et chassés de tous les rivages, partirent sur les mers. Les Sicules donnèrent leur nom au pays qui les accueillit : la Sicile. Si les Tourousha sont bien les Étrusques (?), ceux-ci naviguèrent alors jusque vers les lointaines terres d'Ombrie. Les grands mouvements des Peuples de la mer constituent en fait le prélude à l'organisation du monde actuel. La *geste* héroïque de Ramsès III est la première grande aventure des *temps modernes*.

En témoignent toujours les inscriptions du temple funéraire du souverain à Médinet-Habou, au sud de la nécropole thébaine.

S

Sésostris

Nom de trois souverains appartenant à la XIIe dynastie. Comme les **Amenemhat**, les Sésostris voulurent, après la crise sociale qui avait ébranlé l'Égypte pendant près de deux siècles, rétablir l'ordre intérieur et pratiquer une politique active et énergique nécessaire à la fois pour protéger les frontières du pays et pour assurer son expansion économique.

Sésostris Ier (1970-1936 av. J.-C.)

Deuxième roi de la XIIe dynastie.

Fils et corégent d'Amenemhat Ier, Sésostris Ier entreprit plusieurs expéditions en Basse Nubie qui lui assurèrent la mainmise sur les territoires du sud jusqu'à la 3e cataracte. Pour organiser plus aisément la défense des territoires conquis, Sésostris Ier commença la grande tâche de construction des forteresses, qui s'échelonnèrent sur les deux rives du Nil, distantes en moyenne de soixante-dix kilomètres chacune et communiquant entre elles par des signaux de fumée. La plus importante était la forteresse de Bouhen, construite au niveau de la 2e cataracte (verrou naturel sur le fleuve). Des garnisons (recrues et troupes permanentes) y stationnaient. Vers les terres d'Asie, **Amenemhat Ier** et Sésostris Ier firent construire, sur la frontière orientale du Delta, les « Murs du Prince », forteresses qui devaient interdire aux Asiatiques l'accès en Égypte.

Sésostris III (1887-1850 av. J.-C.)

Cinquième roi de la XIIe dynastie. Fils de Sésostris II.

L'exploitation du Sinaï est poursuivie. Le long du littoral

méditerranéen, Sésostris III mena une campagne militaire jusqu'à Sichem (la ville actuelle de Naplouse), dans la montagne d'Éphraïm; ainsi augmente-t-il son emprise sur **Canaan***, la future Palestine et la Syrie, intégré au royaume d'Égypte. Au sud, il intègre également à l'Égypte la Basse Nubie. Le royaume se reconstitue et s'étend.

Dans le pays même, il ruine définitivement l'autorité et les velléités d'indépendance des nobles provinciaux qui, pendant la crise sociale, avaient assuré seuls la gestion de leurs nomes.

Ainsi les Sésostris et les Amenemhat ont-ils reconstruit à nouveau la puissance égyptienne.

SÉTHI Ier (1312-1300 av. J.-C.)

Deuxième roi de la XIXe dynastie. Fils de **Ramsès Ier** et père de **Ramsès II**.

Il assura la domination de l'Empire d'Égypte sur la Palestine. Il résista victorieusement aux Hittites, avec lesquels il conclut un nouveau traité de paix.

De nombreux monuments de son règne sont bien conservés: à Thèbes, notamment, le temple funéraire du roi à Gournah; à Karnak, il poursuivit l'aménagement de la grande salle hypostyle du temple d'**Amon-Rê**: les bas-reliefs qui la décorent et datent en grande partie de son règne présentent les scènes religieuses cultuelles habituelles; à l'*extérieur* (afin de mieux faire connaître au monde la puissance égyptienne), sont sculptés les récits des victoires de Séthi Ier sur les Bédouins, les Libyens, les Amorrites et les Hittites.

L'hypogée de Séthi Ier, découvert en 1817, est l'un des plus beaux de la Vallée des Rois. L'art du bas-relief, notamment, atteint à ce moment un achèvement parfait.

SHESHONQ Ier (950-929 av. J.-C.)

Premier roi de la XXIIe dynastie – d'origine libyenne.

Petit-fils de Sheshonq l'Ancien, chef de la tribu des Mashaouash, installée en Libye, il fut un souverain énergique tentant de rétablir en Égypte un ordre précaire, avec l'aide de l'armée.

Il dépêcha ensuite celle-ci en Palestine et monta contre Jérusalem. Dans la ville, il s'empara des trésors du temple de Jéhovah et des trésors de la maison de Salomon. Pour commémorer cette victoire et la richesse du butin, Sheshonq fit élever un grand portique de grès, devant le temple de Karnak : il y fit sculpter la liste des villes d'Édom, de Juda et d'Israël, conquises par l'armée égyptienne.

Un autre Sheshonq (le cinquième peut-être) ne doit sa notoriété qu'à la suite de la découverte de sa sépulture intacte, à Tanis, par l'archéologue français Pierre Montet.

Snéfrou (vers 2700 av. J.-C.)

Premier roi de la IVe dynastie.

Il envoya des expéditions en Nubie et en Libye, mais on le connaît surtout pour l'érection de *trois* pyramides. C'est l'époque où la forme pyramidale achevée « se cherche » encore, après la construction d'une pyramide à degrés par le roi **Djoser**, à Saqqarah.

À Meidoum (dix-neuf kilomètres au sud de Saqqarah), Snéfrou fit construire une pyramide qui comportait, dans son premier stade, huit marches ; celles-ci ensuite furent « remplies », de sorte que les côtés s'élevèrent en pente continue de la base au sommet ; celui-ci, à l'origine, était vraisemblablement pointu.

Snéfrou fit édifier deux autres pyramides à Dahshour (au sud de Saqqarah, également). La plus méridionale, à parois lisses, présente une forme particulière que les historiens modernes baptisent du nom de « rhomboïdal » : un peu au-dessus de la moitié de sa hauteur, il existe une brusque diminution de l'angle d'inclinaison. La plus septentrionale des deux pyramides élevées par Snéfrou à Dahshour présente une pente régulière de 43 degrés, alors que la pente habituelle des monuments postérieurs est d'environ 52 degrés. Après ces différents essais, on aboutira enfin à la forme accomplie des pyramides qui s'élèvent sur le plateau de Gizeh.

T

THOUTMOSIS

Quatre souverains de ce nom régnèrent durant la XVIIIe dynastie.

THOUTMOSIS Ier (1530-1520 av. J.-C.)

Troisième souverain de la XVIIIe dynastie. Fils d'Aménophis Ier.

Il fut l'un des premiers grands conquérants de l'histoire égyptienne ; il créa un vaste Empire qui assura à l'Égypte la prospérité et la richesse, tout en la préservant de toute possibilité d'agression directe venue de puissances étrangères.

Les exploits militaires furent plus importants qu'ils ne l'avaient jamais été – tant en Afrique qu'en Asie. En l'an II de son règne, Thoutmosis Ier pénétra profondément au Soudan ; il fit sculpter sur les rochers de Tombos un hymne de victoire ; il commença à se créer alors une mythologie de roi-héros, les textes s'imprègnent désormais d'un lyrisme épique, réaliste souvent, prélude aux épopées ramessides : « Il a terrassé le chef des Nubiens ; le Nègre que son poing saisit est sans force, sans défense [...] Il n'y a pas un survivant parmi les Hommes-aux-cheveux-crépus qui s'étaient insurgés contre sa protection, il n'en reste pas un seul. Les Nubiens sont à terre, massacrés, rejetés sur le côté, épars sur leurs terres... La peinture de leur bouche est comme un flot de pluie battante [le sang qui s'écoule...]. Son nom maintenant a rejoint le circuit du ciel, il a touché les extrémités de la terre. » En fait, il conquit le territoire soudanais jusqu'à la 5e cataracte.

En Asie, Thoutmosis Ier atteignit l'Euphrate pour la première fois. Afin d'assurer durablement la victoire, il déposa, au bord du fleuve, une stèle-frontière, que son petit-fils Thoutmosis III trouvera encore debout une cinquantaine d'années plus tard – stèle qui marque de manière symbolique la limite septentrionale de l'Empire d'Égypte. Ces engagements guerriers, dont nous connaissons mal parfois le détail, entraînèrent de multiples aventures pour l'armée égyptienne : ainsi en est-il du *Butin des Éléphants,* récit que la fille du roi, **Hatshepsout**, fit sculpter dans son temple funéraire : « La vaillance du roi ramena des éléphants de ses victoires dans les pays du Sud et les pays du Nord... Sa Majesté atteignait le pays de **Niy*** lorsqu'il rencontra ces animaux ; une chose semblable n'était jamais arrivée à aucun de ses prédécesseurs. Alors il ramena en Égypte les éléphants de ce pays et les donna au temple de son père **Amon**. »

Les textes nous renseignent insuffisamment sur l'origine des peuples qui voulurent s'opposer à l'avancée égyptienne dans le nord : des Amorrites (?), vraisemblablement, des **Mitanniens***, déjà.

Thoutmosis Ier créa l'Empire d'Égypte, allant sur son char, en tête de son armée, sur les chemins de l'Afrique et de l'Asie. Mais cette hégémonie égyptienne, ainsi constituée, va vite susciter des ambitions rivales. Thoutmosis III devra longuement s'opposer, notamment, à celles du Mitanni, quelques décennies plus tard.

THOUTMOSIS III (1520-1450 av. J.-C.)

Cinquième souverain de la XVIIIe dynastie. Petit-fils de Thoutmosis Ier.

Après l'usurpation d'Hatshepsout*, Thoutmosis III accéda, seul enfin, au pouvoir en l'an 22 de son « règne officiel ». Il sera un prestigieux souverain, conduisant l'Empire avec courage et lucidité. Il va d'abord rassembler à nouveau l'Empire d'Asie, sérieusement mis à mal par l'inaction militaire d'Hatshepsout, créer les bases essentielles de l'administration des pays placés sous son hégémonie, concevoir une nouvelle idéologie impériale.

Dix-sept campagnes en Asie furent d'abord nécessaires pour venir à bout de la coalition montée par le **Mitanni*** et menée par le prince de Kadesh, grande citadelle située sur l'Oronte, dans la plaine de la Beka, et qui demeurera, jusque sous les **Ramsès**, l'ennemie traditionnelle de l'Égypte. Les guerres furent menées par un grand capitaine et durèrent dix-sept ans : de l'an 22 à l'an 25 de son règne, Thoutmosis III brisa la coalition des princes asiatiques, au cours de campagnes militaires annuelles, remportant notamment une victoire importante devant la place forte de Megiddo, située au débouché des passes du Carmel, au nord-ouest de la ville de Samarie. Les quatre campagnes suivantes permirent à l'Égypte de retrouver la frontière de l'Euphrate et d'affermir à nouveau son hégémonie sur les ports phéniciens. En l'an 33, Thoutmosis engagea toutes ses forces pour vaincre le Mitanni. Une partie de l'armée prit la voie de terre, afin d'assurer au passage la tranquillité dans le pays de **Retenou*** ; une autre partie rejoignit Byblos par mer. Thoutmosis III, dans la ville, fit construire des bateaux que l'on plaça sur des chars tirés par des bœufs ; ainsi équipée, l'armée se dirigea vers l'Euphrate. Surprenant cortège militaire dans le désert de Haute Syrie ! Arrivés au bord de l'Euphrate, les bateaux permirent de franchir le fleuve, et les Égyptiens firent ainsi une incursion victorieuse dans le royaume même du Mitanni : il ne s'est pas agi d'une conquête, l'armée égyptienne étant trop loin de ses bases, mais d'une épreuve d'intimidation qui porta ses fruits. Les expéditions conduites pendant les neuf campagnes suivantes furent purement formelles, destinées seulement à assurer la présence égyptienne en Asie.

Le récit de très nombreuses aventures constitue une geste légendaire. Elles nous sont connues par la grande inscription que Thoutmosis fit sculpter sur les parois nord et ouest du corridor qui entoure le saint des saints du grand temple d'**Amon**, à Karnak – deux cent vingt-cinq lignes de texte, chacune mesurant vingt-cinq mètres de long.

De la 5e cataracte du Nil jusqu'à l'Euphrate, les terres africaines et asiatiques sont « dans la main » de Pharaon.

L'Empire conquis fut gouverné par le souverain avec une grande lucidité. Thoutmosis III distingua, dans les modalités du rattachement des terres impériales au pouvoir central thébain, deux « parts ». L'Afrique, où dominait encore le pouvoir tribal, fut administrée par des gouverneurs et fonctionnaires égyptiens ; il y eut exploitation systématique du pays que concrétisa l'apport de tributs annuels. Très différents furent les principes de gestion des provinces d'Asie, déjà riches d'un grand passé de civilisation. États, principautés, républiques urbaines – cent dix noms figurent dans la liste sculptée dans le sanctuaire de Karnak.

Il ne pouvait être question pour le roi de « balayer » tout un passé historique, et de compromettre ainsi la prospérité des cités syriennes en leur imposant un gouvernement centralisé. Il maintint donc intacte l'organisation politique des villes et des principautés conquises ; les unes avec leurs dynasties princières, les autres avec leurs institutions républicaines, furent les « protégées » du roi d'Égypte qui leur imposa un minimum de contraintes. Laissant à chacune leur autonomie de gestion, il établit des districts avec des gouverneurs égyptiens, qui n'étaient en fait que des administrateurs financiers chargés de percevoir le tribut assigné à chaque État suivant ses richesses.

Avec Thoutmosis III, une tradition impériale se créa – idéologie qui perdurera. Le roi est désormais un « héros » nécessaire. Thoutmosis eut une première *conscience* de l'Empire, conçu comme une fédération d'États en Asie, alors que les terres africaines, au sud, constituaient le prolongement naturel, inséparable, de la métropole. L'Empire devait symboliser aussi une grande unité spirituelle, où les divinités se mêlaient, placée sous l'autorité du roi-dieu.

TOUTANKHAMON (1354-1345 av. J.-C.)

Onzième roi de la XVIIIe dynastie.

Son origine est mal connue. Il régna, jeune adolescent, pendant neuf ans, se préoccupant essentiellement de la restauration des temples saccagés par **Aménophis IV** et du retour des cultes traditionnels.

Quant à la découverte de sa tombe, les incidents – réels ou supposés – qui l'entourent sont bien connus.

ANNEXES

LES SOUVERAINS DE L'ÉGYPTE ANCIENNE

CHRONOLOGIE

La chronologie absolue des règnes n'est pas toujours aisée à établir dans l'histoire de l'Égypte ancienne. En effet, les Égyptiens comptaient les années pour chaque souverain séparément et recommençaient à chaque changement de règne (an V de Ramsès, etc.).

Toutefois, nous disposons aussi de documents établis par les Égyptiens eux-mêmes : classement par dynasties, ordre de succession. Les écrits de Manéthon, prêtre et historien égyptien, nous renseignent heureusement à ce sujet. On a retrouvé également des Tables royales : nomenclatures de pharaons établies à des fins religieuses. L'une d'elles, provenant de Karnak, se trouve actuellement au musée du Louvre. Certains obstacles cependant demeurent : en effet, les sources dont nous disposons sont muettes sur la durée de certains règnes, elles peuvent être incomplètes pour d'autres. Nous disposons encore d'une autre source possible : le recours à un fait astronomique fixe qui pouvait être noté dans le calendrier : il s'agit du lever héliaque de l'étoile Sothis (Sirius, pour nous), qui, le 19 juillet julien, est visible à l'horizon juste avant le lever du soleil ; aussi quand un document signale, pour une époque chronologiquement incertaine, que Sothis s'est levée en telle année de tel roi, on peut déterminer (à quelques années près) la date de l'événement et, par conséquent, situer dans le temps le souverain en question.

Étude difficile. Quant à la mise en rapport avec notre calendrier, elle peut être parfois quelque peu approximative.

Iʳᵉ et IIᵉ dynasties

Narmer et ses successeurs (à partir de 3200 av. J.-C.).

IIIᵉ dynastie
(2778-2723)

Djoser (vers 2778 av. J.-C.-?) et quatre successeurs mal connus.

IVᵉ dynastie
(2723-2563)

Snéfrou (vers 2700) – **Kheops** (vers 2650) – Dedefrê – **Khephren** (vers 2620) – **Mykerinus** (vers 2600).

Vᵉ dynastie
(2563-2423)

9 souverains – De Ouserkaf à Ounas.

VIᵉ dynastie
(2423-2263)

Teti (?) – Ouserkarê (?) – Pépi Iᵉʳ, Merenrê, **Pépi II** (vers 2420-2280).

De la VIIᵉ à la XIᵉ dynastie

Crise sociale (rois mal connus).

XIᵉ dynastie

8 souverains : 3 Antef, 5 Montouhotep dans l'ordre (2160-2000).

XIIᵉ dynastie
(2000-1785)

Amenemhat Iᵉʳ (2000-1970) – **Sésostris Iᵉʳ** (1970-1936) – **Amenemhat II** (1936-1906) – Sésostris II (1906-1888) – **Sésostris III** (1887-1850) – **Amenemhat III** (1850-1800) – Amenemhat IV (1800-1792) – Sobekneferourê (1792-1785).

XIIIe et XIVe dynasties

Mal connues.

XVe, XVIe et XVIIe dynasties

Règne des envahisseurs Hyksos (1730-1580).

XVIIIe dynastie
(1580-1314)

Ahmosis (1580-1557) – **Aménophis Ier** (1557-1530) – **Thoutmosis Ier** -1530-1520) – Thoutmosis II (1520-1504) – **Hatshepsout** (usurpa le pouvoir royal de 1504 à 1480) – Thoutmosis III* (règne « officiel » : 1504-1450) – Aménophis II (1450-1425) – Thoutmosis IV (1425-1408) – **Aménophis III** (1408-1370) – **Aménophis IV-Akhenaton** (1370-1354) – Smenkarê (règne bref) – **Toutankhamon** (1354-1345) – Aï (1345-1339) – **Horemheb** (1339-1314).

XIXe dynastie
(1314-1205)

Ramsès Ier (1314-1312) – **Séthi Ier** (1312-1296) – **Ramsès II** (1296-1229) – **Merenptah** (1229-1218) – Quelques usurpateurs prendront alors le pouvoir – Seul de la lignée ramesside, Séthi II régnera de 1210 à 1205.

XXe dynastie
(1200-1085)

Sethnakht (1200-1198) – **Ramsès III** (1198-1166) – De Ramsès IV à Ramsès XI (1166-1085).

XXIe dynastie

De 1085 à 950, séparation des pouvoirs ; dans le Nord, à Tanis, régneront : Smendes – Psousennes Ier et II – dans le Sud, des rois-prêtres : Hérihor.

XXIIe, XXIIIe et XXIVe dynasties
dynasties libyennes (950-715)

Sheshonq : 5 souverains ; **Seshonq V** (767-715) – Osorkon : 3 souverains – entre autres.

XXVe dynastie
dynastie éthiopienne (715-656)

Piankhi – Shabaka – Shabataka – Taharqa – Tanoutamon.

XXVIe dynastie
renaissance nationale (656-625)

Psammétique Ier, II et III, notamment.

XXVIIe dynastie
première domination des Perses (525-404)

Cambyse – Darius Ier – Xerxès – Artaxerxès – Darius II.

XXVIIIe à XXXe dynastie
dernières dynasties indigènes (404-341)

Achoris – Nectanebo Ier et II, entre autres.

Seconde domination des Perses
(341-333)

Artaxerxès III – Arses – Darius III Codoman.

Époque grecque
(330-30)

Dynastie macédonienne : Alexandre le Grand – Époque ptolémaïque ou lagide : **Ptolémée**, **Cléopâtre**.

Époque romaine
(30 av. J.-C.-384 ap. J.-C.)

LEXIQUE GÉOGRAPHIQUE ET POLITIQUE DES PAYS DU PROCHE-ORIENT PENDANT LA PÉRIODE PHARAONIQUE

Assyrie

Dans le domaine mésopotamien, dans la basse vallée de l'Euphrate, les royaumes de Sumer et d'Akkad avaient été unis par Sargon, premier fondateur d'Empire en Mésopotamie – vers 2500 avant J.-C. Sur les rives du Tigre, le royaume d'Assyrie, autour de la capitale Assour, constitué anciennement, mais encore de moindre importance alors, deviendra, sous les Ramsès, une grande puissance politique.

Babylone

Grande cité commerciale de Mésopotamie, sur l'Euphrate. Dès 1900 avant J.-C., son roi, Hammourabi, allait en faire le centre d'un nouvel Empire mésopotamien.

Canaan

Au-delà du désert de Negeb, le long du rivage méditerranéen et dans l'arrière-pays, s'étendait le pays de Canaan, mal défini ethniquement et politiquement. Ce fut un pays désertique de grand parcours, sillonné par les caravanes venant de l'Arabie et de la Mésopotamie, apportant leurs produits jusqu'aux rivages de la Méditerranée et placé sous contrôle égyptien. Vers 1180 avant J.-C., les Philistins, peuple indo-européen originaire d'Asie Mineure – les Palestiou dans les textes égyptiens ou phéniciens –, s'installèrent sur le front de mer du pays de Canaan, donnant leur nom au pays : la Palestine.

Hatti

Depuis le XXe siècle avant J.-C. et jusqu'au XVIIIe, des peuples aryens, établis dans les régions septentrionales de la mer Caspienne et de la mer Noire, entrent en mouvement et se dirigent vers le sud. Du Nord, viennent des peuples en quête de terres nouvelles. Certains s'établissent en Anatolie; ils y adoptent le nom de Hittites, qui était celui de la population autochtone, à laquelle ils se superposèrent. La nouvelle royauté du Hatti subira de grandes vicissitudes avant de s'affirmer comme l'une des grandes puissances du monde oriental, rivale directe de l'Égypte; cela se passera au temps des Ramsès.

Mitanni

D'autres peuples envahisseurs passent directement, sans doute, des rives de la mer Caspienne jusque dans la région montagneuse des sources du Tigre et de l'Euphrate. Les peuples hourrites étaient déjà installés dans le pays depuis plusieurs siècles; au XIXe siècle, ils avaient constitué une principauté dans l'Anti-Taurus. Il semble que les envahisseurs les aient progressivement repoussés aux deux extrémités du territoire mitannien et aient imposé leur pouvoir à ces peuples plus anciens.

Le royaume du Mitanni va constituer assez vite une monarchie puissante, assemblant donc les divers États hourrites et sémitiques de la région. Il s'affirme bientôt comme le rival politique et commercial de l'Égypte; les premiers affrontements auront lieu durant le règne des Thoutmosis.

Naharina

Le pays de Naharina se trouvait probablement sur la rive droite de l'Euphrate, distinct du Mitanni voisin (situé sur la rive gauche), avec lequel on a tendance à le confondre. Quelques textes (de l'époque de Thoutmosis III) semblent le prouver: « Le roi dut *traverser* le Grand Courant [l'Euphrate], à la poursuite de ceux qui l'avaient attaqué, recherchant ce vil ennemi jusque dans le pays du Mitanni » – « Sa Majesté établit une stèle sur la colline du Naharina, en creusant cette colline à droite du Grand Courant ».

Niy

Ville importante du Naharina.

Phénicie

Au nord de Canaan (à partir de la pointe du mont Carmel), une mince bande de plaine s'étendait entre la mer et les monts du Liban, dépassant rarement vingt-cinq kilomètres de profondeur. Les populations sémitiques qui y résidaient étaient appelées Fenkhou, dans les textes égyptiens – nom que les Grecs transcriront par Phénicie. La Phénicie n'était pas un État, mais un ensemble de riches cités-États échelonnées sur le front de mer : Byblos, Tyr, Sidon, Arvad, Ougarit. Des dynasties princières ou des Conseils urbains gouvernaient ces diverses unités politiques.

Les sources de richesses étaient diverses : d'une part, les grandes forêts de chênes, de pins et surtout de cèdres qui couvraient les flancs du mont Liban ; les Égyptiens allaient y quérir le bois indispensable pour la construction de leurs navires, dès le début du IIIe millénaire avant J.-C. ; d'autre part, la richesse de la Phénicie venait essentiellement du commerce qui, par mer ou par terre, fit de la région le grand carrefour commercial de l'Antiquité. Les rapports avec l'Égypte furent d'intérêt économique et d'amitié.

Retenou

À l'est de la région côtière de la Phénicie, s'étendait un territoire encore mal connu de nous, où les populations sémitiques vivaient en tribus éparses. Les textes égyptiens le nomment Retenou ; il correspond au désert de Syrie. De grands relais caravaniers occupent les oasis : Damas, Palmyre, Alep.

LA GRANDE PYRAMIDE DE KHEOPS À GIZEH

STRUCTURE INTERNE ET TECHNIQUE DE CONSTRUCTION

Dans un traité, rédigé à la fin du IIIe siècle avant J.-C., l'ingénieur grec, Philon de Byzance, donne le nom des sept monuments de l'Antiquité considérés alors comme les Sept Merveilles du monde – au premier rang desquelles figure la grande pyramide de Gizeh.

L'entrée de la pyramide se trouve sur la face nord, à quinze mètres au-dessus du niveau du sol. Il semble que différents projets aient successivement modifié l'aménagement intérieur, destinés à « tromper » les voleurs éventuels. En effet, depuis l'entrée, un long couloir s'enfonce dans le sol (dans la substructure du monument), qui, sans doute, devait mener à une chambre funéraire, abandonnée ensuite. Un second couloir s'élève en pente douce, menant à une seconde chambre funéraire, aménagée dans la superstructure, également abandonnée. Ce second couloir fut prolongé par une large galerie (la « Grande Galerie ») aboutissant à une troisième chambre, située dans la maçonnerie même, à quarante-deux mètres au-dessus de la base de la pyramide; le sarcophage, vide désormais, était déposé le long du mur ouest. Le plafond de la chambre était formé de neuf blocs de granit pesant quatre cents tonnes et surmonté d'un dispositif destiné à la protéger contre la pression du sommet de la pyramide, à savoir cinq compartiments étagés délimités chacun par des plafonds de pierre, et dominés par un toit pointu fait de blocs inclinés l'un contre l'autre. La momie royale une fois déposée dans le sarcophage, on condamnait l'accès de la chambre à l'aide de trois grandes dalles placées au bout de la Grande Galerie, puis par d'énormes blocs de granit obstruant le corridor. Des galeries d'aération furent mises en place, traversant la maçonnerie.

Techniquement, comment a-t-on pu élever la pyramide ? D'après les données archéologiques, il est vraisemblable que l'on hissait les blocs de pierre jusqu'au sommet grâce à des rampes de brique, que l'on prolongeait pour chaque nouvelle assise et sur lesquelles on halait les blocs sur des traîneaux de bois que l'on mouillait pour faciliter le glissement. Chaque assise était posée en partant du centre vers l'extérieur ; la masse des matériaux diminuait ainsi au fur et à mesure que l'on se rapprochait du sommet.

LA VALLÉE DU NIL

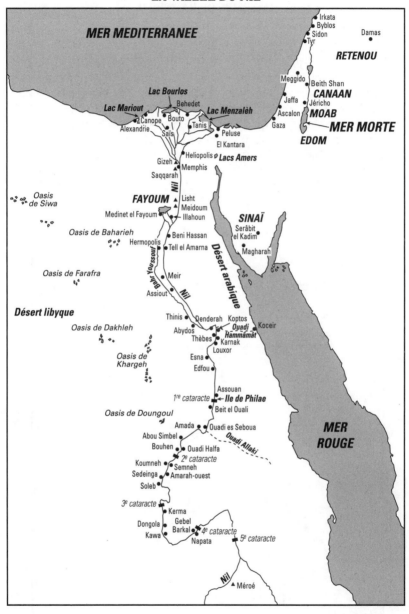

ASIE MINEURE ET MÉSOPOTAMIE AU TEMPS DE RAMSÈS II

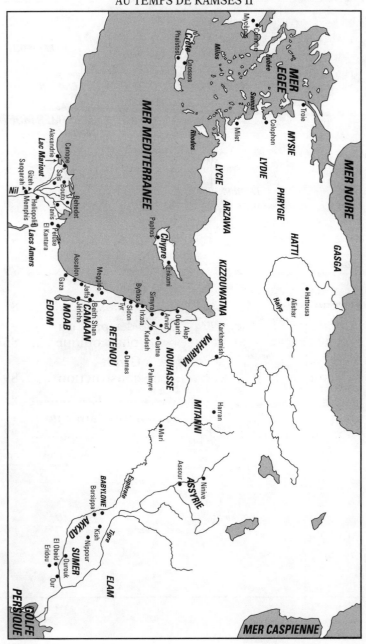

TABLE

Préface 5

Les dieux du panthéon égyptien 7

Pharaons et reines de l'Égypte ancienne 49

Annexes.. 79
   Les souverains de l'Égypte ancienne
   Chronologie 81
   Lexique géographique et politique des pays du
   Proche-Orient pendant la période pharaonique 85
   La grande pyramide de Kheops à Gizeh
   Structure interne et technique de construction 89
   Carte de la vallée du Nil 91
   Carte de l'Asie Mineure et de la Mésopotamie au
   temps de Ramsès II 92

CATALOGUE LIBRIO (extraits)

LITTÉRATURE

ANTHOLOGIES
Le haschich
De Rabelais à Jarry, 7 écrivains parlent du haschich - n° 582
Inventons la paix
8 écrivains racontent... - n° 338
Sortons couverts !
8 écrivains racontent le préservatif - n° 290
Toutes les femmes sont fatales - *De Sparkle Hayter à Val McDermid, 7 histoires de sexe et de vengeance* - n° 632
Une journée d'été
Des écrivains contemporains racontent... - n° 374

Présentée par Estelle Doudet
L'amour courtois et la chevalerie
Des troubadours à Chrétien de Troyes - n° 641

Présentée par Irène Frain
Je vous aime
Anthologie des plus belles histoires d'amour - n° 374

Présentée par Jean-Jacques Gandini
Les droits de l'homme
Textes et documents - n° 250

Présentée par Gaël Gauvin
Montaigne - n° 523

Présentée par Humbert K.
Les Lolitas - n° 431
Plages - n° 475

Présentées par Sébastien Lapaque
Rabelais - n° 483
Malheur aux riches ! - n° 504
J'ai vu passer dans mon rêve
Anthologie de la poésie française - n° 530
Les sept péchés capitaux :
Orgueil - n° 414
Envie - n° 415
Avarice - n° 416
Paresse - n° 417
Colère - n° 418
Luxure - n° 419
Gourmandise - n° 420

Présentée par Xavier Legrand-Ferronnière
Contes fantastiques de Noël - n° 197

Présentée par Jérôme Leroy
L'école *de Chateaubriand à Proust* - n° 380

Présentées par Roger Martin
La dimension policière - *9 nouvelles de Hérodote à Vautrin* - n° 349
Corse noire - *10 nouvelles de Mérimée à Mondoloni* - n° 444

Présentée par Philippe Oriol
J'accuse ! *de Zola et autres documents* - n° 201

Présentées par Jean d'Ormesson
Une autre histoire de la littérature française :
Le Moyen Âge et le XVIe siècle - n° 387
Le théâtre classique - n° 388
Les écrivains du grand siècle - n° 407
Les Lumières - n° 408
Le romantisme - n° 439
Le roman au XIXe siècle - n° 440
La poésie au XIXe siècle - n° 453
La poésie à l'aube du XXe siècle - n° 454
Le roman au XXe siècle : Gide, Proust, Céline, Giono - n° 459
Écrivains et romanciers du XXe siècle - n° 460

Présentée par Guillaume Pigeard de Gurbert
Si la philosophie m'était contée
De Platon à Gilles Deleuze - n° 403

En coédition avec le Printemps des Poètes
Lettres à la jeunesse
10 poètes parlent de l'espoir - n° 571

Présentées par Barbara Sadoul
La dimension fantastique – 1
13 nouvelles fantastiques de Hoffmann à Seignolle - n° 150
La dimension fantastique – 2
6 nouvelles fantastiques de Balzac à Sturgeon - n° 234
La dimension fantastique – 3
10 nouvelles fantastiques de Flaubert à Jodorowsky - n° 271
Les cent ans de Dracula
8 histoires de vampires de Goethe à Lovecraft - n° 160
Un bouquet de fantômes - n° 362
Gare au garou !
8 histoires de loups-garous - n° 372
Fées, sorcières et diablesses
13 textes de Homère à Andersen - n° 544
La solitude du vampire - n° 611

Présentées par Jacques Sadoul
Une histoire de la science-fiction :
1901-1937 : Les premiers maîtres
- n° 345
1938-1957 : L'âge d'or - n° 368
1958-1981 : L'expansion - n° 404

1982-2000 : Le renouveau - n° 437
Présentée par Tiphaine Samoyault
Le chant des sirènes
De Homère à H.G. Wells - n° 666
Présentée par Bernard Vargaftig
La poésie des romantiques - n° 262

REPÈRES

Pierre-Valéry Archassal
La généalogie, mode d'emploi - n° 606

Bettane et Desseauve
Guide du vin - *Connaître, déguster et conserver le vin* - n° 620

Sophie Chautard
Guerres et conflits du XXe siècle - n° 651

David Cobbold
Le vin et ses plaisirs - *Petit guide à l'usage des néophytes* - n° 603

Clarisse Fabre
Les élections, mode d'emploi - n° 522

Daniel Ichbiah
Dictionnaire des instruments de musique - n° 620

Jérôme Jacobs
Fêtes et célébrations - *Petite histoire de nos coutumes et traditions* - n° 594

Jérôme Schmidt
Génération manga - *Petit guide du manga et de la japanimation* - n° 619

Gilles Van Heems
Dieux et héros de la mythologie grecque - n° 593

Patrick Weber
Les rois de France - *Biographie et généalogie des 69 rois de France* - n° 650

MÉMO

Nathalie Baccus
Conjugaison française - n° 470
Grammaire française - n° 534
Orthographe française - n° 596

Anne-Marie Bonnerot
Conjugaison anglaise - n° 558
Grammaire anglaise - n° 601

Jean-Pierre Colignon
Difficultés du français - n° 642

Philippe Dupuis
En coédition avec le journal Le Monde
Mots croisés-1 - *50 grilles et leurs solutions* - n° 699
Mots croisés-2 - *50 grilles et leurs solutions* - n° 700

Frédéric Eusèbe
Conjugaison espagnole - n° 644

Daniel Ichbiah
Solfège - *Nouvelle méthode simple et amusante en 13 leçons* - n° 602

Pierre Jaskarzec
Le français est un jeu - n° 672

Mélanie Lamarre
Dictées pour progresser - n° 653

Damien Panerai
Dictionnaire de rimes - n° 671

Jean-Bernard Piat
Vocabulaire anglais courant - n° 643

Mathieu Scavannec
Le calcul - *Précis d'algèbre et d'arithmétique* - n° 595

Composition PCA - 44400 Rezé
Achevé d'imprimer en France (Ligugé) par Aubin
en février 2005 pour le compte de E.J.L.
84, rue de Grenelle, 75007 Paris
Dépôt légal février 2005
1er dépôt légal dans la collection : août 2004